심볼론카드 상담전문가 개정판

한국타로& NLP상담전문가협회
The Korean Association For Tarot & NLP Counseling Expert

공저 프로필_

김은미 ugrim11@naver.com | 010-2756-1486
상담심리학 석사, 전문상담교사 1급
『한국 타로 & NLP상담 전문가협회』 유니버셀웨이트 타로상담 트레이너(1급)
『한국 타로 & NLP상담 전문가협회』 컬러 타로상담 트레이너(1급)
『한국 타로 & NLP상담 전문가협회』 마르세이유 타로상담 트레이너(1급)
『한국 타로 & NLP상담 전문가협회』 오쇼젠 타로상담 트레이너(1급)
『한국 타로 & NLP상담 전문가협회』 심볼론 타로상담 트레이너(1급)
『학교 타로 상담 & NLP상담(기본편)』 (개정판) 공저
『한국 만다라 심리상담 협회』 만다라 코칭, 만다라 명상, 만다라 타로상담 전문가
국제공인 NLP 프랙티셔너
ABH(American Board of Hypnotherapy) 최면 마스터프랙티셔너
TPTF(Tebbetts Parts Therapy Foundation) 파츠테라피 퍼실리테이터
울트라뎁스(Ultra Depth) 퍼실리테이터
학급긍정훈육법(Positive Discipline in the Classroom) Trainer candidate
긍정훈육법(Positive Discipline) Trainer candidate
한국코치협회 인증 전문코치 KAC(Korea Associcate Coach)
『학급긍정훈육법 실천편』 공저
『학급긍정훈육법 문제해결편』 공역
『질문과 이야기가 있는 교실』 공저
『선생님의 해방일지』 공저
現 초등학교 교사

추주연 zooni2000@korea.kr | 010-3334-1728
교육학 석사
『한국 타로 & NLP상담 전문가협회』 유니버셀웨이트 타로상담 트레이너(1급)
『한국 타로 & NLP상담 전문가협회』 컬러 타로상담 트레이너(1급)
『한국 타로 & NLP상담 전문가협회』 데카메론 타로상담 트레이너(1급)
『한국 타로 & NLP상담 전문가협회』 오쇼젠 타로상담 트레이너(1급)
『한국 타로 & NLP상담 전문가협회』 마르세이유 타로상담 트레이너(1급)

『한국 타로 & NLP상담 전문가협회』 심볼론 타로상담 트레이너(1급)

『학교 타로 상담 & NLP상담(기본편)』 (개정판) 공저

『한국 만다라 심리상담 협회』 만다라 코칭, 만다라 명상, 만다라 타로상담 전문가

만다라 심리상담사(마그마힐링지도자), NLP상담전문가 1급, 한상담 전문가 1급, 아로마 전문관리사 1급

現 충청북도교육청 장학사

김건숙 kks7352kks@naver.com | 010-4610-9412

상담심리학 박사, 청소년상담사 1급

『한국 타로 & NLP상담 전문가협회』 유니버셀웨이트 타로상담전문가

『한국 타로 & NLP상담 전문가협회』 컬러 타로상담 트레이너(1급)

『한국 타로 & NLP상담 전문가협회』 마르세이유 타로상담 트레이너(1급)

『한국 타로 & NLP상담 전문가협회』 심볼론 타로상담 트레이너(1급)

『학교 타로 상담 & NLP상담(기본편)』 개정판 공저

現 서래 심리상담센터 대표

장선순 jangss0909@naver.com | 010-9493-1104

교육학 석사

『한국 타로 & NLP상담 전문가협회』 유니버셀웨이트 타로상담 트레이너(1급)

『한국 타로 & NLP상담 전문가협회』 컬러 타로상담 트레이너(1급)

『한국 타로 & NLP상담 전문가협회』 마르세이유 타로상담 트레이너(1급)

『한국 타로 & NLP상담 전문가협회』 심볼론 타로상담 트레이너(1급)

『학교 타로 상담 & NLP상담(기본편)』 (개정판) 공저

도교육청 진로교육지원단, 과학기술 진로 컨설턴트, 충북진로교육연구회, 학습코칭 전문가, 청소년상담사, 분노조절상담사, 우뇌계발미술학습지도사, 이미지코칭 강사, 아로마테라피 강사

現 중등 진로진학 상담부장

서의환 seo_jeom@naver.com | 010-2093-9502

『한국 타로 & NLP상담 전문가협회』 심볼론 타로상담 트레이너(1급)

『한국 타로 & NLP상담 전문가협회』 유니버셜웨이트 타로상담전문가

『학교 타로 상담 & NLP상담(기본편)』(개정판) 공저

現 서점書占 대표

소난영 sollwhui@naver.com | 010-2449-6514

상담학 석사

교육심리 및 상담 박사 수료

「부모의 양육태도와 자녀의 성격장애에 대한 성경적 상담: 경계선 성격장애를 중심으로」

「중학생이 지각한 아버지의 긍정적 양육태도가 청소년의 내재화 및 외현화 문제행
동에 미치는 영향: 자아탄력성의 매개효과를 중심으로」

「청소년의 여가활동이 청소년의 삶의 질에 미치는 영향」

『한국 타로 & NLP상담 전문가협회』 유니버셀웨이트 타로상담 트레이너(1급)

『한국 타로 & NLP상담 전문가협회』 컬러 타로상담 트레이너(1급)

『한국 타로 & NLP상담 전문가협회』 마르세이유 타로상담 트레이너(1급)

『한국 타로 & NLP상담 전문가협회』 심볼론 타로상담 트레이너(1급)

전문상담사 2급, 가족상담사 1급. 부부상담사 1급, 미술치료사 2급, 원예치료사 1
급, 다문화상담사 1급, 영화치료상담사 2급

現 중학교 상담교사

우수옥 woosuok@korea.kr | 010-7490-5653

『한국 타로 & NLP상담 전문가협회』 유니버셜웨이트 타로상담전문가

『한국 타로 & NLP상담 전문가협회』 마르세이유 타로 상담전문가 트레이너

『한국 타로 & NLP상담 전문가협회』 심볼론 카드 트레이너

『한국 타로 & NLP상담 전문가협회』 컬러 타로상담전문가

『학교 타로 상담 & NLP상담(기본편)』(개정판) 공저

학교 전문상담교사 자격 1급

現 초등학교 교장

조혜진 goldfish8507@hanmail.net | 010-7128-0722

『한국 타로 & NLP상담 전문가협회』 유니버셜웨이트 타로상담전문가

『한국 타로 & NLP상담 전문가협회』 컬러타로 상담전문가

『한국 타로 & NLP상담 전문가협회』 심볼론 타로상담 트레이너

『학교 타로 상담 & NLP상담(기본편)』(개정판) 공저

現 중등교사

신경희 lalee8@hanmail.net | 010-2424-5251

『한국 타로 & NLP상담 전문가협회』 타로 상담전문가 트레이너(1급)

『한국 타로 & NLP상담 전문가협회』 심볼론 타로상담전문가 트레이너(1급)

『한국 타로 & NLP상담 전문가협회』 마르세이유 타로상담전문가 트레이너(1급)

『한국 타로 & NLP상담 전문가협회』 컬러 타로상담전문가 트레이너(1급)

『한국 타로 & NLP상담 전문가협회』 데카메론 타로상담전문가 트레이너(1급)

『한국 타로상담&NLP상담 전문가협회』 심볼론 타로상담 트레이너(1급)

『학교 타로상담&NLP상담(기본편)』 감수

現 초등교감

목차_

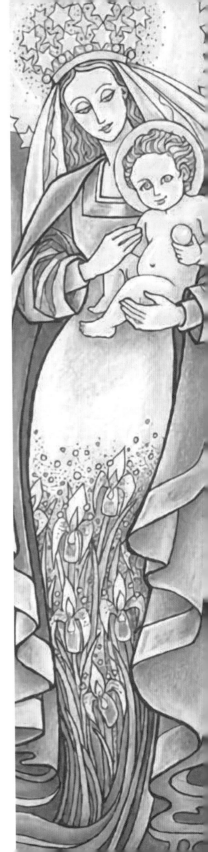

제2편 심볼론 카드 실전

Prologue_

『심볼론카드 상담전문가』 초판이 품절되는 인기를 실감하게 해준 독자에게 진심으로 감사의 말씀을 전한다.

　과학 문명이 발달함에 따라 그리고 4차 산업혁명의 시기를 맞이하고 있는 현시점에, 보이지 않는 영역에 관한 연구가 실로 뜨겁다. 더불어 우리 인간의 마음에 대한 중요성도 강조되고 있어 다방면의 마음 연구도 활발하다. 우리 개개인 모두는 몸과 마음으로 구성되어 있으며 이 중 마음은 의식과 잠재의식으로 양분된다. 또, 잠재의식이 우리 마음의 90% 이상을 차지하고 있다. 하지만, 과거에 우리는 어리석게도 논리적으로 따져가며 분석하고 사고하는 10%도 안 되는 영역인 의식이라는 부분이 우리의 모든 것이라고 잘못 판단하며 행동했다. 눈에 보여야 참이라 믿었고, 논리적 사고에 따르는 것만이 사실이라고 판단했다. 물론, 보이지 않는 부분을 신뢰하지 않는 많은 사람은 지금도 그렇게 생각하고 있다.

　우리는 아주 어렸을 때의 상처를 의식하지 못하며, 잠재의식 속에 묻어둔 채 성인이 되는 경우가 많다. 그리고 이 상처와 아픔은 모두 나와 상관없고 나를 떠나버린 것들이라고 믿고 살아간다. 하지만, 안타깝게도 어렸을 때 나에게 상처를 줬던 상황을 또다시 직면하게 된다면 여지없이 그때와 같은 경험을 반복하게 된다. 몸은 성인이 되었으나, 마음은 여전히 어렸을 때를 벗어나지 못하는 것이다. 즉, 어렸을 때 아픈 상처를 입은 경험을 현재의 성인이 된 나 또한 그대로 받아들이는 것이다. 이 문제를 해결하기 위해서는, 그 상처는 단지 힘이 없던 어렸을 때의 경험임을 다시 한번 인식, 확인하고, 성인이 된 현재의 나에게는 더는 그와 같은 어렸을 때의 상처는 문제가 아니라는 것을 깨달아야 한다. 그렇게 되면 어렸을 때의 상처는 더는 현재의 나와는 전혀 상관이 없는 것이 되고 그 상처 또는 아픔에서 벗어날 수 있게 될 것이다.

심볼론 카드는 바로 이처럼 상처를 해결할 수 있는 경험을 우리에게 제공한다. 비록 의식에서 파악하지 못하는 마음속 깊은 곳의 상처라고 하더라도 과거의 문제 상황, 문제 경험을 현재의 우리 눈 앞에 펼쳐지게 한다. 심볼론 카드를 효율적으로 사용한다면 문득문득 떠오르거나 무의식 속에서 나타나는 여러 가지, 나의 발목을 잡는 상황의 근본 문제를 파악할 수도 있으며, 그 근본 문제를 파악함으로써 우리의 발목을 잡는 문제 상황에서 벗어나 희망찬 미래로 나아갈 수 있는 것이다. 현대 과학 문명의 발달로 인해, 오히려 마음의 문제 상황들이 더욱 빈번하게 발생하고 있는 사람들에게 심볼론 카드를 통해 과거의 상처를 아물게 하고, 마음의 치유, 힐링을 이끌어, 아무 걸림돌 없이 앞으로 나아갈 수 있는 건강하고 행복한 사람이 되기를 소망한다.

심볼론 카드를 완벽히 이해하고 상담에 접목하기 위해서는 심볼론 카드 78장의 의미를 명확히 파악해야 함은 물론, 12별자리 10행성을 포함한 4원소, 3대 특(재)질, 양극성을 파악할 필요가 있다. 또한, 그리스 신화 올림포스 12신에 대한 내용도 한번 정리해본다면 더욱더 쉽게 이해할 수 있을 것이다. 자, 그럼 우리 마음속 깊은 곳에 자리 잡고 있는 거대한 영역인 미지의 세계, 잠재의식 속으로의 여행을 떠나보자.

2023년 초여름을 맞이하며
대표 저자 **최 옥 환**(필명, 최지원)

---

*심볼론 카드는 독일의 점성학자, 심리학자, 동화 작가인 Peter Orban과 Ingrid Zinnel, Thea Weller에 의해 제작된 인간 내면의 심리와 연계한 전문카드이다.

" 친구와의 관계가 궁금해요 "

본 타로상담 사례는 김은미 선생님께서 초등학생 6학년 학생을 대상으로 심볼론 카드를 사용하여 실시한 타로상담 사례이다. 추가적으로 여러 타로상담 사례를 살펴보고자 하는 독자는 『학교 타로상담 & NLP상담(기본편)』 개정판을 참고하기 바란다. 상담일자: 2023년 3월 31일, 상담자: 김은미(초등학교 담임교사), 내담자: 김지우(가명, 초등학교 6학년)

지우는 우리 반 여학생 중에 제일 활발한 여학생이다. 작년 담임으로부터 친구와의 문제가 생겨서 힘들었다는 이야기를 들었던지라 꽤 신경을 쓰고 있던 참이었다. 동아리를 모집할 때 타로 상담 동아리를 따로 만들었다. 지우가 상담동아리에 지원을 했고 때마침 방과 후에 시간이 난다고 해서 타로 상담을 권했다.

"지우야, 선생님이랑 타로 상담해볼까?"

"네, 안 그래도 궁금한 게 있었어요."

"그래? 뭐가 제일 궁금했어?"

"친구 관계요. 작년에 제 뒷담을 해서 저랑 멀어진 친구가 있거든요. 그 친구와의 관계가 어떻게 될지 궁금해요."

"그 친구랑 지금은 어떤데?"

"지금은 같은 반도 아니고 해서 좀 서먹해요."

"그럼 그 친구가 지우 뒷담을 한 거야?"

"사실 다른 친구가 제 뒷담을 했는데 그 친구가 저랑 친했는데 다른 친구 이야기만 듣고 제 뒷담을 인터넷에 올려서요."

"에구… 네가 상처가 컸겠다."

"……."

"지금도 그 친구가 신경이 쓰이는 걸 보면 그 친구에 대한 지우의 마음이 아직 남아 있나 보네. 그럼 타로로 한번 볼게."

핵심 문제
❺

다가올 문제
❹

1~3개월
❻

현재 상황
❸

4~6개월
❼

나
❶

너
❷

"첫 번째 카드부터 한번 볼게. 이 카드는 지우 너를 의미해, 어때 보여?"

"음.. 뭔가를 이어주고 알려주는 느낌이에요."

"이 카드는 설교자 카드야. 다른 이들에게 지식을 전파하고, 사명감 있고 능력이 있고 학문에 대한 열의도 있는 카드지. 딱 지우 너 같은데?"

"어… 네."

자신의 칭찬이 부끄럽지만 기분 좋은 듯 미소 지었다.

"두 번째 카드는 친구를 나타내는 카드야 어때 보여?"

"두 사람이 어디로 가는 거 같은데요."

"너는 어디 있는 거 같니?"

"이 두 사람은 아닌 거 같아요."

"그래? 이 두 사람이 누구로 보여."

"친구랑, 제 뒷담화를 했다는 친구요."

"그럼 이 카드에 너는 어디 있을 것 같아?"

망설이다가 신전을 가리키며 말을 이었다.

"저는 여기 있을 것 같아요."

"그래?"

"이 두 사람이 가는 길에 결국은 만날 것 같아요."

"세 사람이 결국 만나게 될 것 같긴 한가 보다. 이 카드는 심볼론이라고 해. 좋은 관계를 의미하는 카드이기도 하지. 지우가 뭔가 두 사람이 잘 지내라고 일단 그 친구는 좋은 관계 안에서 잘 지내는 것처럼 보이는구나. 하지만 너를 나타낸 설교자 카드와 나란히 놓고 보니 어때?"

"음... 제가 이어주고 있는 것처럼 보여요."

"그래. 선생님이 보기에도 지우 네가 두 사람 잘 지내라고 멋지게 보내주는 것 같이 보이긴 해. 그럼 세 번째 카드를 볼까? 어때 보여?"

"제가 뭔가 보살피는 것처럼 보여요."

"이 카드는 어머니 카드야. 현재 너의 상황을 나타내는 카드야. 네가 그

친구가 신경이 쓰이나 봐. 마음이 가고."

"네… 그런 거 같아요."

"그럼 다음 카드는 이 카드야. 다가올 문제로 이 카드가 나왔네."

"왠지 좋아 보이지 않네요."

"그래. 이 사람은 문제를 일으키는 사람이야. 골칫덩이라는 카드지. 지우와 친구와의 관계에서 문제가 일어날지도 모르겠어. 그 사람 다음으로 핵심을 나타내는 건 이 카드야. 헛수고라는 카드란다. 어때 보여?"

"괜한 신경 쓰지 말라는 거 같아요."

"그래. 그럼 이 사람이 칼을 뽑을 수 있을 거 같아?"

"아뇨. 못 뽑을 거 같아요."

"왜. 결국 애쓰다 보면 뽑을지도 모르잖아."

"못 뽑을 거 같아요."

"이 카드가 왜 핵심으로 뽑힌 것 같아?"

"헛수고라는 걸 알려주는 것 같아요."

"그래 선생님이 보기에 그 친구와의 관계에서 결국 네가 마음먹기에 달린 것 같이 보여. 네가 그 친구와의 관계에 에너지를 쓰기보다 좀 더 자유로워져도 될 것 같아."

"그럼 어떻게 될지 카드를 볼까? 이 카드는 가까운 미래를 나타낸 거야 지금부터 3개월 정도. 이 카드 보니 어때?"

"뭔가 흘려보내는 거 같아요."

"그래?"

"그 친구와의 관계를 흘려서 버리라는 것으로 보여요."

"이 카드는 천사 카드야. 나쁘게 보면 모든 것을 흘려버리고 환영으로 만들어버리는 카드이기도 하고 긍정적으로 보면 지혜라는 의미도 있고, 결국 나의 내면을 보라는 의미인 거 같은데. 이미 지우는 이 카드 보면서 마음이 좀 정리가 되나 본데?"

"네. 그냥 그 친구 너무 신경 안 써야겠어요."

"그래. 그럼 다음 카드도 볼까? 어떻게 보여?"

"그 친구들이랑 제 모습 같아요."

"너는 어디 있는 거 같아?"

"저는 여기 이 뒤에요."

손을 잡고 있는 두 사람이 아니라 뒤에 서 있는 천사를 가리켰다.

"그래? 여기 손잡고 있는 사람은 그 친구들인 거네? 그럼 너는 뭐 하고 있는 거 같아?"

"그냥 두 사람 이어주고 저는 그냥 마음 편하게 지내는 거 같아요."

"속상하지 않을까?"

"이상하게 마음이 더 편해졌어요. 마음 정리가 되는 거 같아요. 그냥 이제 그 친구 신경 안 쓸래요."

"그래? 선생님 정말 놀랐어. 지우가 그래도 그 친구가 신경이 쓰일 만큼 아직도 그 친구와의 관계 궁금해하는 거 같았는데. 카드 하나하나 보면서 자신의 마음을 정리하고 편안함을 선택한 거 같아서. 이 카드는 침묵이라는 카드거든. 서로 침묵하라는 의미도 있지만 서로 무관심을 나타내기도 해. 지우가 그 친구들과의 관계에서 자유로워 질 거 같은데? 그 친구들이 뭘 하든 신경 안 쓰고 말이야."

내 말에 지우가 빙그레 웃었다.

"이 카드가 너라고 했지? 이 카드는 별자리가 나와 있는데 여기 보여? 이 기호가 사수자리를 나타내. 사수자리는 밝고 활동적이고 공부에 대한 열의도 많단다. 자기 표현도 잘하고 말이야. 너는 그만큼 능력이 있는 사람이야. 마음의 힘이 있는 사람이지. 물론 고집이 조금 센 편이라고는 하더라."

마지막 말은 작은 목소리로 살짝 말하자 지우가 끄덕이며 쑥스러운 듯이 웃었다. 지우는 활발하고 밝은 성격으로 반을 이끌어 가면서 가끔은 고집을 부려 친구들과 트러블이 생기기도 하는 편이었다.

"지금 기분은 좀 어떠니?"

"편안해요. 제가 친구 신경 안 쓰고 그냥 흘려버리고 제 마음 가는 대로 지내면 될 것 같아요."

"그래. 지우 너 스스로 해답을 잘 찾아 나가는 모습인 거 같아. 친구 관계가 너희에게 굉장히 중요하다는 거 알아. 그 안에서 네가 속상한 일도 있었지만 그런데도 그 친구에게 마음을 쓰는 지우 너의 마음이 참 선하게 느껴졌어. 하지만 그러면서 또 이제는 그 친구와의 관계에 연연하기보다 정리하고 앞으로 더 나아가려는 모습으로 보여서 역시 우리 지우가 힘이 있고 네 삶을 제대로 살아가겠다 싶어서 안심이 팍팍 되는걸?"

"감사합니다."

"언제든 지우가 상담하고 싶으면 선생님이랑 또 이야기하자."

"네. 오늘 감사했어요."

상담이 끝나고 지우는 미소와 함께 인사를 건넸다. 카드 없이 지우와 이야기로만 상담을 했다면 스스로가 지금의 이런 결심을 할 수 있었을까? 지우는 친구와의 관계에서 미련이 남아 더 나아가지 못하고 있었다. 그런 지우가 카드를 보고 스스로 벗어나야 함을 깨닫고 앞으로 한 걸음 나아가는 계기를 제공한 타로카드의 힘에 다시금 감탄하게 되었다. 앞으로 또 다른 상담에서 아이들 스스로 자신이 가야 할 길을 깨달을 수 있도록, 스스로 답을 찾을 수 있도록 도와줄 수 있기를 바라본다.

☰ 마스터 약축 코칭

위 사례는 심볼론 카드를 사용하여, 내담자의 내면의 정보를 파악하고, 문제를 해결해 나간 훌륭한 사례이다. 특히, 심볼론 카드는 다른 타로카드

보다 내담자의 내면을 파악하고, 문제를 해결하기 탁월한 카드로, 김은미 선생님께서는 학생 상담의 큰 목표를 설정하고, 전문가적인 스킬을 발휘했다. 학생들은 보통 자신의 내면을 상담자에게 보이기 싫어한다. 이런 상황에서 상담이 효율적으로 이루어지기는 쉽지 않다. 타로카드는 이와 같은 상황에서 내담자의 내면을 자발적으로 드러내 치유 받을 수 있도록 해주는 도구이다. 물론, 타로상담 전문가가 타로카드를 어떻게 활용하는지가 관건이다. 김은미 선생님께서는 아주 오래전부터 마음 관련 공부를 해오고 있었고, 전국 최면 상담 교사연구회 멘토-멘티 활동을 진행하고 있는 마음 관련 전문가로 유니버셜웨이트, 컬러 타로카드 이외에 마르세이유, 심볼론 타로카드 등 다양한 타로카드에 전문성을 발휘하시며 활동을 하고 있으며 만다라 명상 & 만다라 타로카드까지 전문활동 영역을 계획하고 있는 타로상담 전문가이기도 하다. 부산 지역에서 타로상담전문가, 마음 관련 전문가로 많은 훌륭한 후진을 양성하며, 최고 전문가로 확고히 자리매김하길 기원한다.

제 1 편

심볼론 전반

1. SYMBOLON CARD WORK BOOK

(1) 심볼론, 내면의 페르소나, 점성학

본 SYMBOLON CARD WORK BOOK*은 심볼론 카드의 저작권을 가지고 있는 AGM-Urania 사와 법적인 절차를 통하여 심볼론 카드 내용을 합법적으로 사용하며, SYMBOLON CARD에 포함되어 있는 해설서의 내용 중 전반적인 중요 부분을 게재하였다. 전체 카드 78장에 해당하는 해설서 내용은 각 카드에 설명된 심볼론 원서 해설을 참고하기 바란다.

Symbolon
심볼론

심볼론은 기억에 관한 게임**으로 수십 년 혹은 수년간 깊이 침잠해 있던 기억을 떠올리게 한다. 심리적 접근을 좋아하는 사람들은 카드 이미지에 내재된 힘이 무의식을 의식의 영역으로 끌어올린다고 설명한다. 이로 인해, 심볼론은 치유 방법의 하나로 여겨진다. 심볼론 게임에서 질문하는 방식은 다른 타로카드 덱(총 78장)과 구별되며 미래에 관해 조언하는 것이 아닌 과거를 현재로 소환하는 것에 목적을 두고 있다.

Maria Szepes는 심볼론에 대해 다음과 같이 설명한다. "수색견과 같은 카르마는 우리 뒤를 바짝 뒤쫓는다. 심볼론은 우리가 과거 한때 잃어버렸던 것들을 다시 떠올리게 한다. 우리가 아무리 도망치려 해도 카르마는

---

*Illustrations from Symbolon reproduced by permission of AGM-Urania / Koenigsfurt-Urania Verlag, Germany, © AGM-Urania/Koenigsfurt-Urania Verlag. Further reproduction prohibited.
**SYMBOLON CARD WORK BOOK에서 "게임"을 "상담"으로 해석하면 좋을 듯하다.

우리 눈앞에 다시 나타나게 된다." 심볼론 게임은 우리의 카르마를 삶 속에 다시 스며들게 하며 "수색견과 같은 카르마(카르마의 거친 시도는 우리를 충격에 빠뜨리고 엄청난 공포를 느끼게 만든다)"에서 벗어나게 한다.

이름에서 알 수 있듯이, 심볼론은 분리된 2개의 대상을 하나로 재통합시키는 것이다. 물론, 심볼론은 두 개로 분리된 상태이며 이 게임을 통해 하나로 통합된다.

The Inner Personae
내면의 페르소나

이 카드가 내포하고 있는 의미는 다음과 같다. 사람들은 각자 원하는 삶의 모습이 있지만, 아직 성취되지 않은 상태이며 각기 다른 성격적 특성이 있다는 것이다. 다양한 성격적 특성은 한 개인을 잠재의식과 의식 측면에서 다른 개인과 구별 짓는 것이다. 게임에서는 개개인이 갖는 고유한 성격, 동기, 힘, 활동영역, 의식으로 인해 각자의 내면에 있는 페르소나가 사람들을 구분 짓는다고 설명한다. 이러한 모든 것들이 "나"를 구성하는 요인들이다. 내면에 존재하는 페르소나들에 대해서는 대부분 알 수 없다. 내면의 페르소나들은 우리의 내면 깊숙한 곳에 존재하면서 합리적인 근거 없이 우리의 삶을 형성하고 변형시킨다.

요약하면, 이 게임은 내면에 존재하는 페르소나와 페르소나들의 행동, 동기에 관해 설명한다. 즉, 페르소나 중 현재 우리를 지배하고 있는 것, 우리가 익숙해져야 하는 것, 우리가 이

미 익숙한 것에 대해 알려준다. 각각의 카드는(마지막 장 제외) 내면에 존재하는 특정 페르소나와 의식의 표면으로 끌어올려야 하는 페르소나의 주제에 관해 설명한다. 카드에서 설명하는 페르소나 중 일부는 심리학에서 종종 나타나는 주제이다. 예를 들면, "내면의 아이…"(게자리/어머니), "이성적으로 판단해야 할 일"(처녀자리/봉사자) 또는 "스스로에 대한 반항"(게자리/양자리의 반항) 등이 있다.

이 외에 다른 페르소나들에 대해서는 심리학에서 제대로 다뤄지지 않았으나 신화와 동화에서는 종종 등장하였다. 골칫덩이(양자리/물병자리)와 뱀파이어(양자리/전갈자리)가 이에 해당한다. 이러한 것들은 개개인의 영혼 속에 존재하는 것들이다.

Astrology
점성학

이 게임은 내면의 페르소나를 의식의 표면으로 끌어올리는 것뿐만 아니라 점성학 기호도 활용한다. 카드에는 깊은 영적 활동을 표현하는 점성학 기호들이 그려져 있다. 예를 들면, 어떤 사람은 염소자리에 달을 가지고

있을 수 있고, "게자리(달)"와 염소자리가 합쳐진 형태인 카드(얼음 여왕)를 선택하거나 카드 그림에 잠시 집중하고 있을 수도 있다.

혹은 해왕성이 화성과 직각을 이루는 형태에 해당하는 사람이 있거나 "양자리/물고기자리(화성/해왕성)"

와 관련된 완벽한 바보 카드를 선택하는 사람이 있을 것이다.

　중요한 점은 별자리(양자리-물고기자리)와 행성(화성-해왕성) 간 관계에 대해 철저히 숙지해야 한다는 것이다. 양자리와 화성, 황소자리와 금성, 쌍둥이자리와 수성, 게자리와 달, 사자자리와 태양, 처녀자리와 수성, 천칭자리와 금성, 전갈자리와 명왕성, 사수자리와 목성, 염소자리와 토성, 물병자리와 천왕성, 물고기자리와 해왕성.

　별자리와 행성은 각각 12개와 10개로 그 대응 개수가 일치하지 않기 때문에 금성과 수성이 2번씩 사용된다. 금성은 황소자리, 천칭자리와 연결되고 수성은 쌍둥이자리와 처녀자리를 다스린다(경험이 풍부한 노련한 점성가에게는 이와 같은 원리가 익숙할 것이다).

　이처럼 2개의 별자리에서 이 카드의 차별점이 나타난다. 즉, 쌍둥이자리의 수성과 처녀자리의 수성이 함께 사용되는 것이다. 이 부분에 대해서는 경험 많은 점성가들도 점성학에서 행성이 같은 위치에 있어 함께 사용할 수 없다고 판단할 것이다. 또한, 두 개의 별자리에 해당하는 행성(쌍둥이자리의 수성, 처녀자리의 수성)을 쉽게 구분하기가 어려울 수 있다. 이러한 원리는 금성에도 똑같이 적용된다. 예로 쌍둥이자리의 영향력이 큰 사람은 수성의 위치와 상관없이 처녀자리보다 쌍둥이자리가 더 큰 영향력을 발휘하기 때문에 쌍둥이자리의 수성과 연관될 것이다. 또 다른 예는 쌍둥이자

리의 수성이 처녀자리와도 연관이 될 때이다. 이처럼 수성이 쌍둥이자리와 처녀자리를 동시에 다스리는 경우를 'THE STRATEGIST(전략가)'라고 한다. 이는, 수성-수성의 조합과 금성-금성의 조합이 가능하다는 것을 보여주며 점성학에서도 나타난다. 이 책에서 유일하게 이와 같은 별자리에 관해 설명하고 있다. 그

러나 중요한 점은 행성과 별자리 간 조합이 아닌 "내면의 페르소나"의 조합이다. 우리는 모두 "중재자"(쌍둥이자리의 수성)와 "봉사자"(처녀자리의 수성)의 특성이 있다. "중재자"는 의사소통과 접촉을 담당하고 "관리자"와 같은 "봉사자"는 삶의 기본 요소에 충실하며 관습에 따라 일상 업무를 맡아 관리한다. 이 둘은 완전히 다른 사람임에도 불구하고 함께 공존할 수 있다. 그러나 카드를 뽑았을 때, 자신의 별자리와 관련된 카드를 선택했다고 해서 꼭 좋은 것만은 아니다. 예로, "달/천왕성(해방)" 카드를 선택했다면 다음과 같은 질문을 던지게 될 것이다.

"어디서부터 시작해야 할까? 내가 끊어내야 하는 것은 무엇인가? 내가 정리해야 할 인간관계는 어떤 것인가?"와 같은 질문이 떠오르게 된다. 이것은 달이 물병자리(11번째 하우스)에 위치하는지 혹은 천왕성이 게자리(4번째 하우스)에 위치하는지에 대해 질문하는 것이 아니다. 이와 같은 질문들은 심볼론 게임의 의도에서 벗어나는 것이다.

(2) 카드 사용 방법

카드를 사용하는 방법은 크게 2가지로, ⒜ 점성학을 사용하지 않는 방법과 ⒝ 점성학을 사용하는 방법이 있다.

⒜, ⒝ 방법의 기본 가정은 공통으로 기억을 떠올리게 하여 심볼론을 찾게 하고 분리된 조각들을 하나로 재결합시키는 것이다. 그러나 특징적인 차이가 존재하기 때문에 각각의 방법을 따로 진행해야 하며, 다양한 방법을 미리 숙지해야 한다.

(A) 방법: 점성학을 사용하지 않는 방법
이 방법은 점성학에 대한 지식을 요구하지 않는다. 즉, 행성과 별자리가 어떤 방식으로 사용되는지 알고 있지 않아도 사용할 수 있다. 여러 번 진행하다 보면 행성과 별자리에 대해 자연스럽게 습득하게 된다. 한 장의 카드를 선택한 후 선택한 카드에 집중하기만 하면 해석이 가능하다. 선택한 카드의 상징과 관련된 인생의 문제를 떠올리면 된다. 카드의 상징들은 인생과 어떤 형태로든 관련이 될 것이다. 예를 들어, 떠돌이 협잡꾼을 뜻하는 속임수(처녀자리/물고기자리) 카드를 뽑았다고 가정해보자.

현대판 떠돌이 협잡꾼은 500년 전 거리를 활보했듯이 오늘날 대도시 길거리를 누비고 있을 것이다. 이들은 3개의 조개껍데기를 사용하여(현재는 성냥갑을 사용한다.) 구경꾼들이 'Y'가 아닌 'X'를 보게끔 속임수를 쓴다. 어떤 이들은 이렇게 모두를 속이는 사람들을 사기꾼이라고 부른다. 카드는 이러한 것들을 말해준다. 떠돌이 협잡꾼들은 사실 모든 조개껍데기 안에 아무것도 넣지 않은 채로 공연을 한다. 이들은 어차피 조개껍데기 안에 놓여있던 물건들이 사라졌다고 말할 것이기 때문에 절대 이길 수 있는 게임이 아니다. 카드를 선택한 후 "아! 속았구나! 누군가가 나를 함정에 빠뜨렸구나"라고 생각할 수 있다. 이 카드를 통해 기억을 떠올리면서 잘못된 길에 빠졌다는 것을 깨닫게 된다.

이 카드는 다른 카드들과 마찬가지로 자신과 관련된 어떠한 기억을 불러 일으킨다. 즉, 내면에서 일어나는 기억을 말한다. 이 카드에서 떠올릴 수 있는 질문들은 "누가 나를 속이고 있을까? 나는 누구를 속이려 하는 걸까?"와 같은 것이다. 이와 같은 내면의 질문들은 기억으로 변모된다. 만약 사기꾼을 찾고 있다면, 카드는 심리적 형상화에 주제가 되지만 치유효과는 떨어질 것이다. 자신을 속이기 위해 카드를 활용하기 때문이다(이러한 경우, 카드는 의미 그대로를 보여주지만, 우리는 그 진실을 깨닫지 못한다).

또한, 이 카드는 누군가가 나를 속이고 있다는 것을 알려준다. 나를 속이고 있는 누군가는 자신일 수도 있고 다른 사람일 수도 있다. 물론, 사기꾼들은 어디에나 존재한다. 파트너 혹은 가장 친한 친구가 자신을 속이고 있다는 것을 알게 되는 경우도 있다. 결국, 외부세상은 우리의 내면을 비추는 거울일 뿐이다. 따라서 마법의 해결책은 다음과 같다. 만약, 나의 파트너가 나를 속이고 있다면 나 자신도 파트너를 속이고 있다는 것을 상기시켜주는 것이다. 즉, 누군가에게 속고 싶지 않다면 자신의 내면에 존재하는 사기꾼을 떠올려야 한다. 내면에 존재하는 사기꾼을 떠올린다면 외부세계에 존재하는 사기꾼들은 저절로 사라질 것이다. 이들이 더는 존재할 이유가 없기 때문이다. 이러한 방법만이 유일하게 카드를 이해하는 방법이다. 외부세계에 존재하는 속임수들에 휘말리게 되는 자신에 대해서 알고 싶어 하지 않는 무언가가 있을 수 있다. 외부세계에 자기 생각을 투영한 것만으로도 행복하다고 느낄 수 있다. 그러나 이것은 회피일 뿐이다.

점성학에 대한 지식을 갖추고 있지 않아도 이와 같은 부분들은 쉽게 이해할 수 있다. 이 카드를 이해하기 어려울 때는 점성학과 관련된 책에서 그 의미를 찾아볼 수 있지만, 속임수와 관련된 의미는 스스로 해답을 찾는 것이 좋다. 순간적으로 떠오르는 영감처럼 답을 떠올릴 수 있을 것이다. 해답은 평소 알고는 있지만 의식하지 못했던 것일 것이다. 나를 속이는 누군가가 나 자신이거나 다른 사람이라는 것을 받아들이고 싶지 않았을 것이기 때문이다. 카드는 직접적으로 "당신이 사기꾼"이라고 말할 것이다.

어떤 문제들을 수면 위로 끄집어 올려서 설명해야 할 때도 있지만 우리는 침묵하곤 한다. 스스로 진실을 밝힐지 혹은 계속해서 속일지는 내가 결정해야 할 문제다. 그러나 다음에 나는 다시 속임수를 뽑게 될 수도 있고 이러한 현상은 자주 나타난다. 왜냐하면, 우리는 항상 다른 사람을 속이면서 나 자신을 속이고 있기 때문이다. 기억에 관한 게임은 이러한 것들을 용납하지 않는다. 내가 떠올린 뮤즈*는 내가 교묘히 빠져나가지 못하도록 막는다. 새로운 속임수들로 인해 점점 멍청해지기 때문이다.

(A) **방법**에서는 "내가 던진 질문들로부터 내가 배울 수 있는 것은 무엇일까? 내가 떠올리려고 하는 것은 무엇일까? 나의 내면세계에서 활동하

* 그리스 신화에 등장하는 학예 전반의 신

24

고 있는 페르소나는 무엇일까?"라는 질문을 하게 될 것이다. 이 카드는 외부세계에 존재하는 움직임의 명확한 방향을 알려주고 내면의 페르소나를 바라보게 한다. 즉, 우리 내면에 존재하는 기억들을 불러일으키는 것이다. 질문을 구상할 때는 이 같은 접근법을 명심할 필요가 있다. 이 접근법을 통해 무의미한 것들은 버리고 가장 중요한 것만을 떠올리게 될 것이다.

무의미한 질문의 예는 다음과 같다.

A) 나의 이상형을 언제 만날 수 있을까?

B) 어떻게 해야 승진할 수 있을까(혹은 언제 승진하게 될까)?

C) 내 아내(남편)의 질투심을 어떻게 잠재울 수 있을까?

D) 나에게 적합한 전공이 이것일까?

E) 소송에서 이길 수 있을까(혹은 어떻게 하면 소송에서 이길 수 있을까)?

이러한 질문들은 외부세계에서 해답을 찾을 수 있으므로(혹은 예측을 할 수 있으므로) 무의미한 질문들이다. 신탁은 무녀들이 해야 할 일이다. 심볼론은 영감의 어머니이자 기억의 여신인 므네모시네를 따른다. 위와 같은 질문들은 기억에 관한 질문들이 아니며 쉽게 해결될 수 있고 운명에 의해 결정된 것들이다. 심볼론은 이에 대한 해답을 찾고자 하는 게임이 아니다. 운동선수들의 다리를 치료하기 위해 치과의사를 찾아가지 않는 것처럼 말이다. 이 게임은 이러한 질문들을 이해하고자 하는 것이 아니다. 설사 해답을 제시하더라도 본인들이 이해할 수 없다. 나 자신의 영감을 떠올려 질문을 던져야 한다. 그렇지 않으면, 아무런 해답을 찾을 수 없다. 따라서 아래와 같이 새로운(내면의) 접근법을 활용하여 질문을 재구성해야 한다.

A) 나와 적합한 파트너를 찾는 것을 방해하는 페르소나는 무엇인가? 나는 왜 나의 파트너를 찾는 것을 꿈꾸고만 있는가? 다른 사람을 생각할 수 없게 만드는 이상적인 파트너는 없을까? 무엇 때문에 나는 실현될 수 없는 꿈을 꾸고 있는 것인가?

B) 내 직업에 방해가 되는 내면의 페르소나는 무엇인가? 나는 왜 승진을 해야 한다고 느끼고 있는 걸까? 무엇이 나를 이렇게 만드는 걸까? 어떤 페르소나가 나를 이렇게 되도록 이끌고 있을까? 이와 같은 질문은 "어떤 페르소나가 나를 방해하고 있을까?"라는 질문을 떠오르게 한다.

C) '질투'란 나에게 어떤 의미인가? 부정하는 나의 파트너가 나에게 무엇을 상기시켜주고 싶은 걸까? 나의 내면에 어떤 존재가 나를 이렇게 질투하게 만드는 것일까? 질투를 유발하는 동기는 무엇일까?

D) 이 과정을 통해 내가 배워야 할 나의 인생 주제는 무엇인가? 이 과정을 통해 나의 내면의 페르소나는 무엇을 성취하고 싶은 것일까? 어떤 페르소나가 이러한 과정을 배우고 싶어 하는 걸까?(배우고 싶지 않은 걸까?) 나를 되돌아보기 위해 어떤 주제들을 공부하는 것이 좋을까?(어떤 주제들이 도움이 되지 않는 것일까?)

E) 법적인 행동 이면에 숨은 진정한 생각은 무엇인가? 이러한 행동을 하게 만드는 나의 내면에 존재하는 이는 누구인가? 이러한 것들로부터 내가 배울 수 있는 것들은 무엇일까?

이와 같은 질문들은 모두 우리 자신에 관한 것이며 각각의 질문에 대한 해답을 통해 우리의 삶에 대한 정보를 얻을 수 있다. 중요한 점은 나와 관련된 무엇인가를 발견해내는 것이다. 사람들은 세상에 대한 조언을 얻기 위한 하나의 방법으로 질문을 하고 그에 대한 단순한 답변을 얻기 원하기 때문에 질문 D~E는 무의미하게 느껴질 수 있다. 심볼론은 "예/아니오"와 같이 단순하게 반응하는 답변을 하지 않는다. 그 어떠한 카드도 단순한 답변을 할 수 없기 때문이다. "예", "아니오"로 답변을 할 수 있는 것은 "선"과 "악"을 구별하는 것과 같다. 사람들의 영혼 속에는 자신들만의 공간이 있다. 그 공간 안에는 다양한 생명체들이 존재하는 산, 바다, 계곡, 도시들도 있다. 따라서 "예", "아니오" 혹은 "선", "악"으로 구별할 수 없다. 영혼의 축은 "망각"과 "기억" 사이에서 움직이는 것이다. 즉, 내적 요소의 무한함을 깨닫게 되거나 깨닫지 못하게 되는 것이다. 그리고 나 자신에게 가까워질수록 나의 영혼에 더 가까워질 수 있으며 나 자신에게 멀어질수록 영혼에서 멀어질 뿐이다. 우리의 영혼에 대해 "예/아니오"로 대답하는 것은 좌뇌에 의한 편견이기 때문에 터무니없는 일이다. 그래서 카드를 선택할 때 왼손을 사용해야 한다. 왼손을 사용하는 것은 기억의 여신이 이성의 개입과 좌뇌의 반응을 차단해주기 때문이다(대신, 우뇌를 활성화시킨다).

오른손은 좌뇌와 연결되어 있어 외부세계를 통제하고 왼손은(우뇌의 지배를 받아) 우리의 내면을 통제한다. 따라서 왼손으로 카드를 선택하면 우리의 내면과 연결된다.

(B) 방법: 점성학을 사용하는 방법

심볼론을 진행할 때 가장 쉬운 방법은 다음과 같다. 천왕성과 태양이 스퀘어를 이룰 때가 어떤 의미인지 알고 싶을 때, 몰락(사자자리/물병자리)이라는 카드를 찾아본 후, 그에 상응하는 텍스트를 읽는 것이다. 이것은 아주 간단한 방법이다.

두 번째 방법은 좀 더 복잡한데 먼저, 점성학에 해당하는 별자리를 하나 선택한다. 예를 들어, 4번째 하우스와 물병자리에 해당하는 금성을 선택했다고 가정해보자. 금성을 묘사하는(금성은 심볼론에서 활용하는 주요 카드 중 하나이다.) 두 장의 카드를 먼저 찾아야 한다. 한 장의 카드는 황소자리의 금성(연인)에 해당하는 카드이고 다른 한 장은 천칭자리의 금성(파트너)에 해당하

는 카드일 것이다. 금성이 두 가지 주제에 해당하므로 두 장의 카드가 모두 필요하다. 이와 다르게, 달은 하나의 주제만 가지고 있으므로 달에 관심이 있을 때는 한 장의 카드만 필요하다.

비너스는 한 곳에 공존하는 두 개의 페르소나에 대해 알려준다. 즉, "파트너의 필요성"과 "나의 매력"이라는 두 개의 페르소나가 서로 연관되는 것이다. 이러한 두 개의 페르소나는 4번째 하우스와 게자리와 연결된다(4번째 하우스=게자리=달). 아래쪽에 금성에 해당하는 두 장의 카드와 달(어머니)을 의미하는 카드를 뽑았

다면 이는 4번째 하우스를 의미한다. 이후, 금성과 달의 조화를 의미하는 카드를 찾아야 할 것이다. 달과 대응하는 카드를 금성에 해당하는 카드 아래쪽에 놓음으로써 금성과 달의 조화를 찾을 수 있다. 이들은 둘(천칭자리/게자리)을 의미하지만 약간의 부조화를 자아낸다는 것을 발견할 수 있을 것

이다. 천칭자리와 금성에 해당하는 파트너 카드가 가족(천칭자리/게자리)이라는 카드에 더 적절한 것처럼 보이는데 황소자리와 금성에 해당하는 연인 카드와 이브의 두 얼굴이라는 카드가 가족의 문제를 다루고 있다.

우리는 가끔 어떤 행동에 관한 결정을 내렸음에도 불구하고 "집 밖을 나가야 할까, 집에 머물러야 할까? 아니면 아이들을 위해 저녁을 준비하고 있어야 할까?"와 같은 질문을 한다. 이러한 질문들은 연인으로서 또는 가족으로서 살아가는 것에 대한 갈망 또는 죄책감 때문에 떠오르는 것이다.

금성(4번째 하우스)에 물병자리를 더하면 광대를 의미하게 되고 어머니를 뜻하는 카드 아래쪽에 배치한다. 이는 다음과 같은 결과를 나타낸다.

3장의 카드는 내면의 페르소나(금성)가 자유를 갈망한다고 말한다. 이 때문에 가족에 대한 사랑과 모성애를 느끼더라도 내면의 페르소나는 항상 이들을 끊어내고 싶어 한다. 이런 내면의 페르소나를 통해 각각의 모순점을 받아들이고 배우게 되며 이러한 과정은 의미 있는 것으로 내면에 존재하는 비밀스런 갈망을 억누르고 살아야 한다는 것을 알게 된다. 모순점들은 외부세계로부터 촉발되는 것으로 내가 나의 파트너를 속이거나 (관계를 지속하는 동안) 나의 파트너가 나를 속이게 만들도록 이끄는 것이다. 즉, 내면의 페르소나를 통해 우리는 내면의 동기와 더욱 익숙해지게 된다. 내면의 동기와 페르소나는 나의 내면을 들여다볼 수 있는 또 다른 존재를 불러일으킨다. 이것이 "기억"이다.

작별
(황소자리/물병자리)

그러나 금성이 달과 스퀘어를 이루기 때문에 위와 같은 방법이 문제를 완전히 해결할 수 있는 것은 아니다. 따라서 같은 방법으로 스프레드에 카드를 계속 추가할 수 있다. 달은 황소자리(연인)의 7번째 하우스(천칭자리)와 연결되는 금성과 스퀘어를 이루는 어머니 카드와 연관된다. 금성이 4번째 하우스에서 할 수 없는 일들을 어머니 카드가 하게 되는 것은 다른 사람에게 보호받기를 바라기 때문이다. 이로 인해, 우리의 "내면에 존재하는 적"들은 항상 서로에게 적대적이다. 조건이 없을수록, 말이 적을수록 더 쉽게 용기를 내서 나 자신을 찾을 수 있을 것이다.

해방
(게자리/물병자리)

분리, 이별
(천칭자리/물병자리)

(3) 카드 스프레드

카드를 해석하는 방법은 3가지로 요약할 수 있다.
A) 문제
B) 문제를 통해 해답을 찾는 방법
C) 결과

A) 첫 번째로 선택한 카드(혹은 짧은 조언을 얻고 싶을 때 뽑는 카드 한 장)는 문제의 근원을 나타내며(반드시 기억해내야 하는 부분이다.) 다음에 선택할 카드들의 근간이된다. 이 부분은 주제의 상승점을 나타내며, 배경을 이해한 후 문제를 파악하게 된다.

B) 이 방법은 스프레드에서 한 장 이상의 카드를 선택했을 때 사용된다(예: 선택한 카드 중에 첫 번째로 뽑은 카드와 마지막에 뽑은 카드를 제외하고 나머지 카드를 설명한다). 카드는 과정을 수행하는 동안 해야 할 일을 알려주고 카드에 대해 이해하여 적극적으로 문제를 해결하게 한다. 이 방법을 통해 많은 것을 성취할 수 있다.

C) 이 방법은 마지막에 선택한 카드를 활용한다. 해석하기 전에, 이 부분에 대해 명확히 이해해야 한다. 그러나 한 장의 카드를 사용하는 방법을 택했을 때는 C방법을 적용하면 안 된다. 마지막에 선택한 카드는 문제와 주제에 대한 "결과"를 나타낸다.

A, B, C 방법 간 대립하는 모순이 존재하는데 이에 대한 설명은 다음과 같다. A는 우리가 올라가야 할 "기억의 산"을 묘사한다. 이를, "히말라야의 가우리 샹크르 산"이라 칭한다. 그러나 이곳으로 떠날 준비는 하지 않고 우리는 교외에 있는 집 안락의자에 아직 앉아있다. B방법에서 사용하는 카드들은 우리가 무엇을 끝마쳐야 하는지 알려준다. 장비를 구매하여 스스로 또는 JFK까지 가는 기차를 탄 후, 비행기를 타고 뉴델리까지 갔다가 카트만두로 가야 한다. 카트만두에서 우리를 안내해 줄 가이드를 구할

수 있다. 이후, 레인지로버를 타고 베이스캠프로 향해야 한다. 산소통을 채운 후, 활동을 시작한다. 산에서는 많은 일이 일어날 수 있다. 눈보라로 인해 여행 도중 발길을 돌려야 할 수도 있지만, 정상에 올라가지 못하는 것도 결과의 일부분이다.

처음부터 C방법을 사용했다면 카드는 "목표를 달성할 수 없다."라고 알려줄 것이고 여정은 헛수고가 될 것이다. C방법은 괜한 수고를 하지 않아도 되는 것으로 보이지만 이와 같은 생각은 잘못된 생각이다! 여행은 그자체로 기억을 떠올리는 과정이며 이 과정을 거치지 않고서는 목표에 도달할 수 없다. 따라서 이 과정에서 기억을 떠올리기를 거부한다면 실패한 것과 다름없다. 즉, 물속에서 발을 담그는 것보다 수영에 관한 책 읽기를 바라는 사람이 될 것이다. 이 방법으로는 수영을 잘하게 될 수 없는데도 말이다.

(4) 카드 순서

타로의 메이저 카드의 순서는 본인의 성장 과정을 나타낸다. 마이너 카드는 개별순서에 따라 사용된다. 그러나 내면의 페르소나에 관한 것은 여러 영향을 받기 때문에 다른 주제들에 비해 복잡하다. 특정한 때에 발생하는 것은 무엇인지, 설명하는 순서와 순번 없이 해석해야 하기 때문이다. 이를 보완하기 위해, 이 책에서는 다음과 같은 3가지 유형의 카드 순서를 제시한다.

유형 1 순수한 전형인 페르소나를 묘사하는(현실에서는 찾기 어렵다) 카드들이다. 순서는 별자리 순서(양자리~물고기자리)를 따른다. 간혹, 이 카드를 "주된 비밀"을 나타내는 메이저 아르카나로 여기는 사람들도 있다. 카드의 순서는 다음과 같다.

■ 메이저 카드 (12장)

1. 전사
(양자리)

2. 연인
(황소자리)

3. 중재자
(쌍둥이자리)

4. 어머니
(게자리)

5. 에고
(사자자리)

6. 봉사자
(처녀자리)

7. 파트너
(천칭자리)

8. 유혹자
(전갈자리)

9. 설교자
(사수자리)

10. 마스터
(염소자리)

11. 광대
(물병자리)

12. 천사
(물고기자리)

　　유형 2　내면의 페르소나를 형성하기 위해 이원적 조합을 이루는 인간의 존재를 보여준다. 음양, 아니마와 아니무스*, 남성적인 영혼과 여성적인 영혼, 좌뇌와 우뇌, 남성과 여성, 태양과 달이 이에 해당한다. 우리 사회에 통용되는 규범과 반대로, 유형 2에서는 여성의 전형부터 시작한다. 여성은 남성보다 내면을 드러내지 않고 억압받아왔기 때문이다. 이 심볼론은 기억 활동을 통해 기억해야 할 대상을 떠올리게 하는 것이다.

■ 달과 관련된 카드 (11장)

13. 반항
게자리/양자리)

14. 이브의 두 얼굴
(게자리/황소자리)

15. 의사 표현
(게자리/쌍둥이자리)

16. 양립 불가
(게자리/사자자리)

17. 보살핌
(게자리/처녀자리)

18. 가족
(게자리/천칭자리)

*아니마는 남성의 여성적이고 수동적인 면을 의미하며, 아니무스는 여성의 남성적이고 능동적인 면을 의미한다.

| 19. 낙태
(게자리/전갈자리) | 20. 므네모시네
(게자리/사수자리) | 21. 얼음여왕
(게자리/염소자리) | 22. 해방
(게자리/물병자리) | 23. 잠자는 미녀
(게자리/물고기자리) |

■ **태양과 관련된 카드** (10장)

| 24. 전투
(사자자리/양자리) | 25. 여왕
(사자자리/황소자리) | 26. 배우
(사자자리/쌍둥이자리) | 27. 병든 왕
(사자자리/처녀자리) | 28. 결혼
(사자자리/천칭자리) | 29. 마법사
(사자자리/전갈자리) |

| 30. 행운
(사자자리/사수자리) | 31. 짐
(사자자리/염소자리) | 32. 몰락
(사자자리/물병자리) | 33. 후퇴
(사자자리/물고기자리) |

유형 3 해와 달을 제외한 모든 페르소나를 조합한다. 이를 "마이너 아르카나"라고 칭한다. 다른 카드들에 비해 중요하지 않다는 것이 아니다 ("마이너 아르카나"를 나타내는 카드들의 단일 조합만으로 인생을 변화시킬 수 있다!). 카드의 순서는 별자리 순서(양자리~물고기자리)를 따른다.

■ 마이너 카드 (45장)

양자리〈화성〉카드 (9장) (양자리-게자리&양자리-사자자리는 각각 13번, 24번이다.)

34. 에로스
(양자리/황소자리)

35. 차꼬
(양자리/쌍둥이자리)

36. 죄책감
(양자리/처녀자리)

37. 불일치
(양자리/천칭자리)

38. 뱀파이어
(양자리/전갈자리)

39. 십자군
(양자리/사수자리)

40. 헛수고
(양자리/염소자리)

41. 골칫덩이
(양자리/물병자리)

42. 완벽한 바보
(양자리/물고기자리)

황소자리〈금성〉카드 (8장)

43. 귀부인
(황소자리/쌍둥이자리)

44. 집착
(황소자리/처녀자리)

45. 유복과 속박
(황소자리/천칭자리)

46. 꼭두각시
(황소자리/전갈자리)

47. 물질과 영혼
(황소자리/사수자리)

48. 창조에 대한 책임
(황소자리/염소자리)

49. 작별
(황소자리/물병자리)

50. 영혼의 정원
(황소자리/물고기자리)

쌍둥이자리 〈수성〉 카드 (7장)

51. 전략가
(쌍둥이자리/처녀자리)

52. 허영의 시장
(쌍둥이자리/천칭자리)

53.피리부는사람
(쌍둥이자리/전갈자리)

54. 스승과 제자
(쌍둥이자리/사수자리)

55. 고난
(쌍둥이자리/염소자리)

56. 꿈꾸는 사람
(쌍둥이자리/물병자리)

57. 침묵
(쌍둥이자리/물고기자리)

처녀자리 〈수성〉 카드 (6장)

58. 일상적인 관계
(처녀자리/천칭자리)

59. 자책
(처녀자리/전갈자리)

60. 종교 재판
(처녀자리/사수자리)

61. 공포
(처녀자리/염소자리)

62. 퓨리스
(처녀자리/물병자리)

63. 속임수
(처녀자리/물고기자리)

천칭자리 〈금성〉 카드 (5장)

64. 재앙
(천칭자리/전갈자리)

65. 심볼론
(천칭자리/사수자리)

66. 슬픔
(천칭자리/염소자리)

67. 이별
(천칭자리/물병자리)

68. 왕의 두 자녀
(천칭자리/물고기자리)

전갈자리⟨명왕성⟩ 카드 (4장)

69. 광신도	70. 침체	71. 불사조	72. 거짓 후광
(전갈자리/사수자리)	(전갈자리/염소자리)	(전갈자리/물병자리)	(전갈자리/물고기자리)

사수자리⟨목성⟩ 카드 (3장)

73. 고해	74. 양자 도약	75. 피티야
(사수자리/염소자리)	(사수자리/물병자리)	(사수자리/물고기자리)

염소자리⟨토성⟩ 카드 (2장)

76. 감금	77. 운명의 여신, 모이라
(염소자리/물병자리)	(염소자리/물고기자리)

물병자리⟨천왕성⟩ 카드 (1장)

78. 성배의 문제
(물병자리/물고기자리)

2. 기초 점성학

(1) 12사인(Signes) & 10행성(Planets) & 12하우스(House)

① 12사인

황도 12궁(黃道十二宮, zodiac)이라고도 불리는 12사인은 태양이 황도를 따라 연주운동을 하는 길에 있는 12개의 별자리를 의미한다. 지구 공전에 의한 태양의 경로인 황도 전체(360°)를 12등분한 30°씩, 월별로 태양이 위치한 자리에 있는 별자리를 황도 12궁이라고 한다. 즉, 양자리, 황소자리, 쌍둥이자리, 게자리, 사자자리, 처녀자리, 천칭자리, 전갈자리, 사수자리, 염소자리, 물병자리, 물고기자리의 12개 별자리를 말하는 것이다. 황도 12궁의 월별 별자리들은 태양이 지나가는 자리에 있는 별자리이며, 낮에는 태양과 함께 떠 있어서 관측할 수 없고 그 반대쪽에 있는 별자리가 밤에 보이는 대표 별자리가 된다. 12별자리는 여러 가지 방법으로 표현될 수 있는 자질과 특징들을 상징한다. 점성학은 하늘의 원주를 12별자리(사인)에 의해 12부분으로 나누는데, 각 점성학 별자리는 출생일의 태양 위치로 결정된다.

12별자리의 구성, 기호와 상징&메이저 카드와의 연관은 〈표1〉과 같다.

기호	별자리 (사인)	기간	지배행성	상징	메이저 카드
♈	양자리 (Aries)	3월 20일 ~ 4월 20일	화성 (Mars)	숫양의 뿔	황제
♉	황소자리 (Taurus)	4월 20일 ~ 5월 21일	금성 (Venus)	황소의 머리	교황
♊	쌍둥이자리 (Gemini)	5월 21일 ~ 6월 21일	수성 (Mercury)	나란한 두 사람의 모습	연인
♋	게자리 (Cancer)	6월 21일 ~ 7월 22일	달 (Moon)	게의 집게 또는 눈	전차
♌	사자자리 (Leo)	7월 22일 ~ 8월 23일	태양 (Sun)	사자의 갈기나 꼬리	힘
♍	처녀자리 (Virgo)	8월 23일 ~ 9월 23일	수성 (Mercury)	천사의 날개	은둔자

♎	천칭자리 (Libra)	9월 23일 ~ 10월 23일	금성 (Venus)	균형 잡힌 저울	정의
♏	전갈자리 (Scorpio)	10월 23일 ~ 11월 22일	명왕성 (Pluto)*	전갈의 독침 꼬리	죽음
♐	사수자리 (Sagittarius)	11월 22일 ~ 12월 21일	목성 (Jupiter)	화살	절제
♑	염소자리 (Capricorn)	12월 21일 ~ 1월 20일	토성 (Saturn)	염소의 머리와 몸	악마
♒	물병자리 (Aquarius)	1월 20일 ~ 2월 19일	천왕성 (Uranus)**	물결치는 파동	별
♓	물고기자리 (Pisces)	2월 19일 ~ 3월 20일	해왕성 (Neptune)***	끈으로 이은 두 마리 물고기	달

〈표1〉 12별자리, 기호와 상징 & 메이저 카드와의 연관

② 10행성

태양 주위를 공전하는 주요 행성은 태양으로부터의 거리에 따라 수성·금성·지구·화성·목성·토성·천왕성·해왕성·명왕성의 순서로 위치한다. 안쪽의 수성·금성·지구·화성 4개 행성은 지구형 행성이라고도 하고 목성부터 해왕성에 해당하는 행성을 거대행성이라고도 한다. 이들 두 집단 사이에는 소행성이라고 하는 아주 작고 많은 물체로 구성된 띠가 있다.

고대 천문학에서 행성이란 고정된 것처럼 보이는 배경의 별들에 대해 움직이는 것이 관측되는 7개의 천체를 지칭하는 것이었다. 즉 태양과 달, 5개의 행성(수성·금성·화성·목성·토성)인데, 이들은 망원경이 발명되기 전에도 눈에 쉽게 보였던 천체들이다. 여기에 천왕성, 해왕성, 명왕성의 발견으로 현대 점성학이 구성된다.

10행성의 구성, 기호와 상징 & 메이저 카드와의 연관은 〈표2〉와 같다.

기호	별자리 (사인)	상징	의미	메이저 카드
☉	태양 (Sun)	태양	깨달음, 자기, 자아	태양

*고대 점성학에서는 화성(Mars)이 지배행성
**고대 점성학에서는 토성(Saturn)이 지배행성
***고대 점성학에서는 목성(Jupiter)이 지배행성

☽	달 (Moon)	상현달	주기, 반영	고위 여사제
☿	수성 (Mercury)	헤르메스의 모자와 지팡이 또는 달과 태양과 십자가	빠르기, 의사소통	마법사
♀	금성 (Venus)	아프로디테의 손거울	사랑, 끌림, 영적 보물, 다산	여황제
♂	화성 (Mars)	아레스의 창과 방패	에너지, 공격, 자기방어, 행동	탑
♃	목성 (Jupiter)	제우스의 번개 또는 독수리	행운, 성장, 확장, 열광	운명의 수레바퀴
♄	토성 (Saturn)	크로노스의 낫	규율, 한계, 경계, 전통	세계
♅	천왕성 (Uranus)	태양과 화성의 창	독립, 모반, 자유, 기술	바보
♆	해왕성 (Neptune)	포세이돈의 삼지창	매혹, 환영, 민감성	거꾸로 매달린 사람
♇	명왕성 (Pluto)	얼음에 덮인 대지	죽음, 재생, 피할 수 없는 변화	심판

〈표2〉 10행성의 구성, 기호와 상징 & 메이저 카드와의 연관

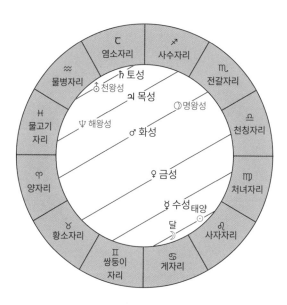

〈그림1〉 12별자리와 고전점성학 & 현대점성학의 연계도

〈그림1〉의 12별자리와 고전점성학 & 현대점성학의 연계도를 살펴보면 게자리에 달, 사자자리에 태양이 배치되고 수성, 금성, (지구), 화성, 목성, 토성이 위치한다. 현대점성학에 이르러 천왕성, 해왕성, 명왕성이 물병자리, 물고기자리, 전갈자리에 배치된다. 예로 고전점성학에서는 목성이 사수자리와 물고기자리의 지배행성이었으나, 현대점성학에서는 해왕성이 물고기자리의 지배행성이 된다.

③ 12하우스

하우스는 특정 천궁도의 시간과 장소에 따른 황도면(지구에서 보는 태양의 궤도면을 포함하는 대원)의 분할 구간이다. 그것들은 첫 번째 하우스의 시작점에서부터 반시계 방향으로 순서가 매겨진다. 일반적으로, 여섯 개의 하우스는 지평선 위에 있고 다른 여섯 개의 하우스는 지평선 아래에 있지만, 몇몇 체계는 (특히 상승점이 첫 번째 하우스의 시작점과 일치하는) 그러한 분할과 전적으로 같지는 않다. (위키백과 인용)

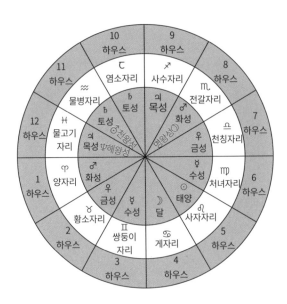

〈그림2〉 하우스 & 12별자리 & 행성의 연계도

하우스와 12사인의 연계 방법은 여러 가지가 있을 수 있으나, 〈그림2〉의 하우스 & 12별자리 & 행성의 연계도처럼 각 별자리에 하우스를 대응하여 표현할 수 있다. 물론, 타로 상담에서 하우스 배열법은 고급 스프레드의 한 방법으로도 사용된다.

각 하우스 내용은 아래 〈표3〉과 같다.

	별자리	명칭	주제
1st 하우스	양자리	본인의 별자리	삶, 자신, 성격, 외모
2nd 하우스	황소자리	금전의 별자리	부, 재산, 가치관, 자존감
3rd 하우스	쌍둥이자리	지식의 별자리	소통, 형제, 친구, 언어
4th 하우스	게자리	가정의 별자리	가족, 부모(父母), 전통, 자아
5th 하우스	사자자리	연애, 오락의 별자리	즐거움, 아이, 행복, 행운
6th 하우스	처녀자리	건강의 별자리	건강, 질병, 의식, 일
7th 하우스	천칭자리	결혼의 별자리	협력, 배우자, 파트너, 관계
8th 하우스	전갈자리	죽음, 성의 별자리	환생, 죽음, 친밀, 상속
9th 하우스	사수자리	정신의 별자리	철학, 종교, 여행, 신뢰
10th 하우스	염소자리	사회, 직업의 별자리	사회, 직업, 평판, 명예
11th 하우스	물병자리	우정의 별자리	우정, 친구, 소망, 기대
12th 하우스	물고기자리	장애, 불행의 별자리	장애, 파멸, 적, 질병

〈표3〉 하우스별 별자리, 명칭, 주제

④ 12사인과 10행성 연계

❶ 양자리(에리스) - 화성(마스)

양자리(에리스)

기간	3월 20일 - 4월 20일
지배 행성	화성(마스)
수호신	아레스(전쟁의 신)
3특(자)질 / 에너지	활동궁[카디널(Cardinal)] / 양(+)

4원소	불(火)
기본 성향	낮의 힘, 남성적
상징	화(火)요일, 봄, 시작, 개척자, 도약, 의지, 욕망, 전진, 정열적, 활동적, 과감함, 동쪽, 머리, 적혈구, 피, 빨강, 용기, 철, 행동, 남성, 수장, 정복, 발전, 솔직함, 파워
신화 관련	프리수스와 헬레

별자리 의미의 긍정과 부정

	긍정	부정
♈ 양자리 (에리스)	용기, 도전, 활력, 열정, 단호함, 과감함, 리더십	즉흥적, 성급함, 충동적, 이기적, 폭력적, 무모함

양자리 관련 그리스 신화

그리스의 북부, 테살리는 아타마스 국왕이 다스리고 있었다. 그에게는 프리수스와 헬레라는 두 남매가 있었는데, 이들이 아주 어렸을 때 왕비인 어머니는 계략에 빠져 궁에서 쫓겨나게 되었고, 왕은 새로운 왕비를 맞이하게 되었다. 새 왕비는 질투심이 강해서 왕자와 공주를 무척 싫어했다. 모내기 시기가 되었을 때 새 왕비는 삶은 씨앗을 농부들에게 나누어 주었고, 이 사실을 전혀 모르는 농부들은 싹이 트기를 고대하며 비가 내리기만을 기다렸다. 바로 이때, 새 왕비는 벼 이삭이 싹트지 않는 이유가 왕자와 공주가 나쁜 마음을 품고 있기 때문이며, 하늘이 노하여 천벌을 내려 재앙을 받았기 때문이라는 엉터리 소문을 퍼뜨렸다. 이 소식은 빠르게 나라 안에 퍼졌고, 왕자와 공주를 처형하라는 원성이 자자했다. 국왕은 도저히 내키지 않았지만, 민심을 생각하지 않을 수 없어 할 수 없이 남매를 처형하기로 하였다. 이 소식을 들은 남매의 생모는 경악을 금치 못했고 제우스신에게 간절히 부탁하였다. 형 집행 당일, 하늘에서 갑자기 황금 털을 휘날리며 양이 내려와 두 남매를 태우고 쏜살같이 동쪽 하늘로 날아갔다. 두 남매는 양의 등에서 떨어지지 않으려고 안간힘을 썼지만 어린 헬레는 안타깝게 붙잡고 있던 손을 놓쳐 아래로 떨어지고 말았다. 헬레가 떨어진 곳은 아시아와 유럽의 경계가 되는 해협이었는데 뒷날 사람들은 헬레의 안타까운 운명을 기억하고자 이 해협을 헤레스폰트라고 불렀다. 프리수스는 혼자 양을 타고 흑해의 동쪽 해안에 있는 콜키스라는 지역에 안전하게 도착했다. 제우스는 이 양의 공로를 기리고자 별자리로 만들었다.

화성(마스)

관련 별자리	양자리(에리스)
주기	2년
색	붉은색
상징	화(火)요일, 충동성, 무모함, 경솔함, 남성의 성기, 철, 진한 빨강, 매운맛, 초조함, 안달, 투쟁, 전쟁, 폭력, 난폭함, 위험함, 격렬함, 남성적, 확장, 호전적, 역동적, 경쟁, 신속

화성은 양자리의 지배행성(Ruler)으로 약한 흉성이다. 또한, 화성은 전쟁과 투쟁의 신이라고 일컬어졌을 정도로 격렬하며 뛰어난 전술력이나 개척정신이 강하게 작용하여 잠시도 가만 있지 않는다. 화성은 정열을 표현하는 격렬한 본성의 표시이다. 즉, 화성은 충동적이고 진취적이며, 행동력과 적극성을 가지고 있다. 양자리가 부여한 향상심과 추진력으로 돌진하고 화성이 내린 투쟁력을 합하여 확고한 이상을 추구하게 하고 추호의 양보도 없는 적극적이고 독단적인 전진을 한다.

❷ 황소자리(토러스) – 금성(비너스)

황소자리(토러스)

기간	4월 20일 - 5월 21일
지배 행성	금성(비너스)
수호신	아프로디테(미의 여신)
3특(자)질 / 에너지	고정궁[픽스드(Fixed)] / 음 (-)
4원소	흙(地)
기본 성향	밤의 힘, 여성적, 소극적

상징	금(金)요일, 소유, 번식력, 일, 끈기, 고집, 완만, 인재, 수동성, 여성적, 탐욕, 안정, 부, 물질적, 향락, 이해관계, 돈, 부동산, 은행, 금성
신화 관련	제우스와 이오

별자리 의미의 긍정과 부정

	긍정	부정
♉ 황소자리 (토러스)	근면 성실, 풍요, 인내, 실용적, 물질적(현실적)	고집스러움, 게으름, 과욕, 물질만능주의, 방종, 불통

황소자리 관련 그리스 신화

제우스가 인간 세계의 어떤 나라를 지나던 도중 아름다운 공주 이오를 보게 되었다. 마음을 빼앗긴 제우스는 하늘로 돌아가서도 공주를 잊지 못했다. 공주의 아름다운 목장에는 셀 수도 없을 만큼 많은 소가 풀을 뜯으며 놀고 있었다. 공주는 거의 매일같이 이 목장에 와서 이들과 놀다 가곤 했는데, 어느 날 갑자기 소가 노래를 부르기 시작했다. 그 소리가 너무나 아름다워서 공주는 자신도 모르게 그 소 쪽으로 향했다. 소는 노래뿐만 아니라 외모까지 나무랄 데가 없었으니 공주는 이 소를 보자마자 사랑에 빠지게 되었다. 공주가 소를 껴안고 사랑의 노래를 부르고 있을 때 소는 갑자기 공주를 등에 태우고 하늘로 날기 시작해 어느 아름다운 땅에서 멈추었다. 그리고 몸을 돌려 사람으로 변해서 공주에게 사랑을 고백했다. 바로 이 소가 제우스의 화신이었다. 공주는 제우스의 사랑을 받아들이고, 둘은 천상에서 함께 아름답게 살았다. 제우스는 자신이 사랑을 고백한 장소를 기념하기 위하여 공주의 이름(이오)을 따서 명명했고, 그곳이 바로 유럽 대륙이다. 12별자리 중 유일하게 사랑을 표현한 이야기가 바로 황소자리의 신화이다.

금성(비너스)

관련 별자리	황소자리(토러스), 천칭자리(리브라)
주기	1년 1개월
색	녹색, 흰색
상징	금(金)요일, 여성 성기, 구리, 황소, 동정, 감성, 감정, 육체, 관능, 쾌락, 소유, 여성, 연인, 결혼, 관계, 사교성, 아름다움, 매력, 부드러움, 협력, 제휴, 계약, 유흥

금성은 황소자리의 지배행성(Ruler)으로 약한 길성이다. 금성은 아름다움과 사랑을 상징하며 고대로부터 아름다운 여신이라 일컬어진다. 황소자리의 특성에 청결하고 아름다운 사랑의 정신이 더해져 미와 조화를 이루는 예술적인 정신의 소유자를 탄생시킨다. 즉, 황소자리가 내려준 미와 조화를 이루는 정신력과 금성이 부여한 청결한 사랑은 숭고한 정신의 소유자를 탄생시키며, 혼탁을 떠나 항상 신선한 새 경지를 향해 떠나는 자세를 가지게 되는 것이다. 금성은 하늘의 애인으로 아름다움과 평화로움과 조화를 이룬 사랑을 의미한다. 애정에 관련된 아름다움, 사랑과 평화 등을 상징하는 긍정적인 면을 가지고 있다.

❸ 쌍둥이자리(제머나이) - 수성(머큐리)

쌍둥이자리(제머나이)

기간	5월 21일 - 6월 21일
지배 행성	수성(머큐리)
수호신	헤르메스(지식의 신)
3특(자)질 / 에너지	변통(화)궁[뮤터블(Mutable)] / 양(+)
4원소	공기(風)
기본 성향	낮의 힘, 적극적, 유동적
상징	수(水)요일, 두 가지 가능성, 쌍둥이, 알파벳, 총명, 문학, 지성, 공부, 피상적, 청춘, 망설임, 선택의 어려움, 이중성, 합리적, 대화, 언론, 소설, 책, 저널리즘
신화 관련	폴록스와 카스토르

별자리 의미의 긍정과 부정

	긍정	부정
II 쌍둥이자리 (제머나이)	의사소통, 교류, 지식, 수용적, 언어표현&구사능력	좌충우돌, 불성실, 산만함, 얄팍함, 조급함

쌍둥이자리 관련 그리스 신화

폴록스와 카스토르 형제는 사이가 좋을 뿐 아니라 외모가 아주 많이 닮아서 사람들이 쌍둥이라 생각할 정도였다. 사실 폴록스는 백조로 변신한 제우스가 스파르타의 왕비 레다를 유혹하여 낳은 아들이고, 카스토르는 왕과 왕비 사이에서 태어난 아들이었으니 형의 신분은 신이어서 영원한 생명을 지니고 있지만, 동생은 하찮은 인간에 불과했다. 이 왕비에게는 이들 외에도 많은 아들이 있었는데 그들의 사이가 좋지 않았다. 어느 날 그 나라에 산돼지 한 마리가 나타나 난동을 부렸는데, 서로 공을 세우기 위해 왕자들끼리 다투던 중 카스토르가 죽고 말았다. 카스토르와 우애가 남달리 깊었던 폴록스는 자신의 분신과도 같던 동생이 죽자 그 슬픔을 감당하지 못해 그도 죽으려고 했지만, 불사신의 몸인 그는 죽을 수도 없었다. "동생은 그저 평범한 인간일 뿐이다. 언젠가는 죽는다. 다시 살리고 싶다면 너의 남은 생명의 절반을 동생에게 나누어줘야 할 것이다." 동생을 사랑하는 마음이 깊었던 폴록스는 조금도 머뭇거리지 않고 당장 승낙했다. 제우스는 이에 감동하여 하루의 반은 지상에서, 나머지 반은 지하세계에서 함께 지낼 수 있게 허락했고 형제의 우애를 영원히 기리기 위해 두 영혼을 하늘에 나란히 올려 두 개의 밝은 별로 만들어 주었다. 폴록스는 검술의 명수이고 카스토르는 마술의 명수이다. 두 사람은 언제나 긴밀한 연락을 취하면서 서로 도와 많은 무공을 세웠다. 쌍둥이자리는 바로 폴록스와 카스토르 형제의 헌신적인 우애를 간직하고 있는 별자리이다.

수성(머큐리)

관련 별자리	쌍둥이자리(제머나이), 처녀자리(버고)

주기	335일
색	혼합색
상징	수(水)요일, 단거리 여행, 다양성, 혼합, 쌍둥이, 처녀, 영리, 주변 인물, 막내, 공부, 청춘, 문학, 편지, 메시지, 서적, 언어, 알파벳, 교통수단, 수련생

수성은 쌍둥이자리의 지배행성(Ruler)으로 중성이다. 고대로부터 장사꾼과 도둑을 관리하는 수성은 변통에 능하고 지략과 지모가 뛰어난 능력의 소유자이며, 말솜씨가 뛰어난 임기응변술자이다. 수성은 선입견 없는 이성적, 논리적인 성격을 가지며 두뇌가 뛰어나 변통에 능하고 논리적이며 다재다능하다. 또한, 호기심이 많고 다방면에 관심이 많아 폭넓은 지식을 갖고 있으며, 환경에 민감하고 적응력이 뛰어나다.

❹ 게자리(캔서) - 달(문)

게자리(캔서)

기간	6월 21일 - 7월 22일
지배 행성	달(문)
수호신	아르테미스(달의 여신)
3특(자)질 / 에너지	활동궁[카디널(Cardinal)] / 음(-)
4원소	물(水)
기본 성향	밤의 힘, 여성적, 소극적, 중심적
상징	월(月)요일, 무언(침묵), 가족, 유산, 임신, 감수성, 상상력, 영감, 내면성, 로맨틱, 추억, 과거, 다산성, 바다, 군중, 정치가, 역사가, 점성가, 적응력, 불안정, 변덕
신화 관련	헤라클레스와 게

별자리 의미의 긍정과 부정

♋ 게자리 (캔서)	긍정	부정
	보호, 상상력, 섬세함, 이해심, 감성적, 헌신적	심한 감정 기복, 의존적, 불안함, 예민함, 냉정함

게자리 관련 그리스 신화

제우스와 인간 사이에서 태어난 헤라클레스의 발에 밟혀 죽은 불쌍한 게의 별자리로 전해지고 있다. 제우스의 아내 헤라가 헤라클레스를 두 번이나 죽이려 했으나 그는 그리스에서 제일 위대한 영웅이자 가장 힘이 센 사람이었기에 모두 실패하고 말았다. 헤라클레스는 영웅의 환영식을 받으러 에우리테우스 왕에게로 갔는데, 헤라의 명령을 받은 왕은 헤라클레스에게 12가지 어려운 문제를 해결해 달라고 지시했다. 그중 두 번째가 네메아 계곡의 머리가 9개 달린 뱀, 히드라를 퇴치하라는 것이었다. 헤라클레스는 히드라와 30일 동안 대혈전을 벌였으나 머리 하나를 베면 금세 다른 머리가 생겨나 좀처럼 죽이기 어려웠지만, 마침내 방법을 생각해 히드라의 머리에 불을 질러 8개의 머리를 없애는 데 성공했다. 그때 헤라 여신이 히드라를 돕기 위해 게 한 마리를 보냈는데, 그 게는 헤라클레스의 발가락을 물었다가 결국 그의 발에 밟혀 한쪽 발이 부러진 채 죽고 말았다. 헤라는 자신을 위해 싸우다 죽은 이 불쌍한 게에 대한 보답으로 그 시체를 하늘에 올려 별자리가 되게 하였고, 한쪽 다리를 잃은 불쌍한 게의 사체는 하늘에서도 어두운 별들로 꾸며졌기 때문에 밝은 별들 틈에서 잘 보이지 않는 채로 지금까지 쓸쓸하게 남아있다.

달(月)

관련 별자리	게자리(캔서)
주기	28일
색	은색, 흰색
상징	월(月)요일, 침울, 게, 가재, 변덕, 수정, 임신, 숨김, 밤, 여성, 음(-), 신비, 미스터리, 수면, 감성, 상상력, 대중, 민주주의, 돈, 비옥, 바다, 여행, 어린 시절, 어머니, 부인, 사회생활, 상업, 모성애, 가족, 집

달은 게자리의 지배행성(Ruler)으로 길성이며, 여성의 상징으로 수동적인 면도 있지만 잉태와 출산을 상징하며 모성을 담고 있다. 달은 프라이버시

를 관리하고 여행을 관장하며, 이 때문에 강력한 생활력을 부여받아 보호 의식과 회전능력을 발휘할 수 있다. 또한, 달의 여신은 가정적이며 강력한 생활력을 가지고 있다. 인격을 형성시킬 뿐 아니라, 감정을 합리적으로 표현하며 강한 잠재의식이 있어 상상력과 창조력이 풍성하다. 달은 인간의 감정적인 기질을 상징하여 감정의 브릿지(Bridge) 역할을 한다.

❺ 사자자리(리오) **- 태양**(썬)

사자자리(리오)

기간	7월 22일 - 8월 23일
지배 행성	태양(썬)
수호신	아폴론(광명의 신)
3특(자)질 / 에너지	고정궁[픽스드(Fixed)] / 양(+)
4원소	불(火)
기본 성향	낮의 힘, 남성적, 적극적, 고정적
상징	일(日)요일, 충만, 에너지, 휘광, 빛, 영광, 고상함, 기사도, 제왕, 수장, 왕도, 관대, 이상적 사랑, 성업(聖業), 성실성, 순수함, 정중함, 환대, 폭군, 아첨/아양, 탕진, 창조, 단일성, 일관성
신화 관련	헤라클레스와 사자

별자리 의미의 긍정과 부정

	긍정	부정
♌ 사자자리 (리오)	리더십, 자신감, 따뜻함, 관대함, 창의적, 주체적	권위적, 오만함, 독단적, 지배적, 자기중심적

사자자리 관련 그리스 신화

제우스의 아내 헤라의 질투로 인해 많은 죽을 고비를 넘겨야 했던 헤라클레스는 갓난아기였을 때 뱀에 물려 죽을 뻔한 일이 있었으나 미소를 지으며 뱀을 움켜쥐고 한 손으로 죽여버렸다. 이렇게 힘이 센 헤라클레스를 더욱 미워하게 된 헤라는 잠시도 그를 암살하려는 시도를 포기하지 않았다. 그녀는 헤라클레스가 자기 아내를 미칠 때까지 때리게 했다. 헤라클레스는 크게 후회하며 네메아의 국왕에게로 갔으나 헤라의 명령을 받은 네메아 왕은 12가지 일을 지시했으며 그중 한 가지가 숲속에 사는 모든 동물을 잡아먹은 식인 사자를 죽이는 임무였다. 헤라클레스가 지쳐서 힘이 빠질 때쯤에서야 동굴에서 식인 사자 한 마리가 나타났다. 식인 사자는 온몸에 동물들의 피가 묻어 있어서 무시무시한 모습이었으며 다른 사자보다 5배는 더 커 보였다. 헤라클레스의 화살은 소용이 없었고, 칼 또한 상처 하나 내지 못했다. 결국 헤라클레스는 육탄전을 벌여 사자를 죽였지만, 그 과정이 너무나 참혹하여 이를 본 제우스가 두 눈을 감아 버렸을 정도였다. 헤라는 자신의 희생양인 사자를 기리기 위해 식인 사자를 하늘로 보내어 별자리로 만들었다.

태양(썬)

관련 별자리	사자자리(리오)
주기	365일
색	금색, 노란색, 오렌지색
상징	일(日)요일, 황금, 사자, 무한대, 의지, 성장, 양(+), 활동, 빛, 열, 능력, 힘, 에너지, 영광, 사랑, 창조, 성공, 스타, 따뜻함, 남성, 아버지, 남편, 자식, 충성, 솔직, 관대

태양은, 세상에서 돋보이는 개성으로 창조성을 뿜어내는 사자자리의 지배행성(Ruler)으로 길성이다. 태양의 신은 불굴의 의지력과 완전성을 상징하며 권위, 위엄, 장중, 군주, 존엄과 관련된다. 태양은 목표의식과 자기확신이 강해 변함이 없는 일관성을 추구한다. 창조성과 자존심, 개성화를 가지고 있어 자신을 돋보이게 하는 자기표현의 상징이다. 태양은 불굴의 의지력을 가지는 만물의 근원이며 스스로 빛을 내는 행성으로 태양계 전체에 절대적 영향을 미친다.

❻ 처녀자리(버고) - 수성(머큐리)

처녀자리(버고)

기간	8월 23일 - 9월 23일
지배 행성	수성(머큐리)
수호신	헤르메스(지식의 신)
3특(자)질 / 에너지	변통(화)궁[뮤터블(Mutable)] / 음(-)
4원소	흙(地)
기본 성향	밤의 힘, 여성적, 유동적, 소극적
상징	수(水)요일, 분석, 합리성, 자기 본위, 건조, 일, 종속, 실용적, 겸손, 비판, 분류, 사무실, 의학, 약학, 건강 문제, 화학, 공무원, 여성적, 폐쇄적, 신비, 처녀성, 독신, 노력, 헌신, 과학
신화 관련	페르세포네

별자리 의미의 긍정과 부정

♍ 처녀자리 (버고)	긍정	부정
	분석적, 실용적, 세심함, 겸손함, 현실적, 근면함	까다로움, 무뚝뚝함, 불안감, 비판적, 예민함

처녀자리 관련 그리스 신화

아름다운 봄의 여신 페르세포네는 대지의 여신 데메테르의 딸이었다. 어느 날, 그녀는 매혹적인 향기로 유혹하는 수선화를 보게 되었고, 손을 뻗어 꽃에 닿으려는 순간 땅이 갈라지며 두 필의 검은 말이 끄는 마차 한 대가 땅속에서 올라왔다. 그것은 지하의 신 하데스였다. 그는 아름다운 봄의 여신 페르세포네를 사모한 나머지 그녀를 함정에 빠지게 했다. 어머니인 데메테르는 곡물을 수확하는 것도 멈추고 딸을 찾아다녔다. 대지의 어머니가 사라지자 인간 세상에는 새싹이 자라지 않았다. 또한, 기름진 땅조차 곡식이 여물지 않아 대지는 죽음의 땅으로 변하고 말았다. 제우스는 이러한 상황을 보고 어쩔 수 없이 하데스에게 페르세포네를 풀어 주라고 명령했고, 하데스는 페르세포네를 보내주기 전에 인간 세상에선 살 수 없는 비약인 열매 하나를 주었다. 그래서 페르세포네는 어쩔 수 없이 어둡고 악취 나는 지옥으로 되돌아올 수밖에 없었다. 결국, 제우스의 중재로 페르세포네는 1년 중 절반은 지하 세계에서 머무르고 나머지 반은 지상에서 지낼 수 있게 되었다. 그렇게 하여 페르세포네는 매년 봄이면 하늘의 별자리가 되어 지하 세계에서 동쪽 하늘로 올라오게 되었다. 그 후로 겨울에 추위가 찾아오고 곡식이 자라지 않는 것은 대지의 여신 데메테르가 지하 세계에 있는 딸, 페르세포네를 그리워하여 지상을 돌보지 않기 때문이라고 한다.

수성(머큐리)

관련 별자리	쌍둥이자리(제머나이), 처녀자리(버고)
주기	335일
색	혼합색
상징	수(水)요일, 다양성, 혼합, 쌍둥이, 처녀, 영리, 다면, 주변 인물, 막내, 공부, 청춘, 문학, 편지, 메시지, 책, 단거리 교통수단, 수련생, 언어, 간교, 동요, 알파벳, 단거리 여행

수성은 처녀자리의 지배행성(Ruler)으로 중성이며, 마음의 전달자이다. 수성은 하늘의 일꾼으로, 모든 일을 치밀하게 진행해가는 실무의 힘을 부여받았다. 처녀자리가 내려준 청순, 청결함과 지배행성인 수성으로부터의 분석력이 조화를 이루어 불완전이나 불결함을 증오하고 결벽성으로 변하여 무엇이든지 세심하고 현실적인 비판 능력으로 관찰하고 정리하려는 체계적인 행동을 취하게 된다. 처녀자리가 내려준 성향으로 내향적이며 소극적일 수 있으며, 섬세하여 모든 일을 체계적으로 진행하며 결벽성을 가진다. 현실적인 안정을 추구하며, 꼼꼼하고 분석적인 성향이 있다.

❼ 천칭자리(리브라) – 금성(비너스)
천칭자리(리브라)

기간	9월 23일 - 10월 23일
지배 행성	금성(비너스)
수호신	아프로디테(미의 여신)
3특(자)질 / 에너지	활동궁[카디널(Cardinal)] / 양(+)
4원소	공기(風)
기본 성향	낮의 힘, 남성적, 중심적, 적극적
상징	금(金)요일, 균형, 조화, 판단, 한결, 정의, 법, 협조, 결혼, 계약, 절충, 비폭력, 불의, 중재, 평화, 전쟁, 동업, 서쪽
신화 관련	제우스의 저울

별자리 의미의 긍정과 부정

♎ 천칭자리 (리브라)	긍정	부정
	공평함, 균형적, 조화, 협동적, 평화 추구	우유부단, 무책임, 기만, 기회주의, 의존적, 게으름

천칭자리 관련 그리스 신화

세상이 처음 만들어졌을 때 인류와 신은 지상에서 같이 평화롭고 행복한 날을 보내며 살았다. 그러나 인류는 거짓말, 좋지 않은 악습 등을 만들어갔으며, 갈수록 서로 싸우는 걸 배우게 되었다. 이에 많은 신은 참을 수 없어 천상으로 올라가 버렸다. 그러나 정의의 여신은 사람의 본성에 대해 절대 실망하지 않고 전과 다름없이 인류와 함께 살았다. 하지만, 인류는 더욱 악해져서 전쟁까지 했다. 결국, 인정 많던 정의의 여신조차 천상으로 올라가 버렸으나 그녀는 아직도 포기하지 않고 인류가 전과 다름없이 착한 본성으로 돌아올 것을 믿고 있었다. 그러던 어느 날, 인간에게 연민을 가지고 있는 정의의 여신을 바다의 신이 비웃었다. 화가 난 여신은 바다의 신이 자신을 모욕했다고 여기고 제우스에게 중재를 요청했다. 그러나 제우스는 딸과 동생 사이에서 어느 한쪽의 편을 들기가 곤란했다. 결국, 두 사람에게 시합을 시켜 패배하는 쪽이 사과하기로 했다. 하늘의 광장, 바다의 신이 벽을 향해 한번 흔드니, 그 틈새로 매우 맛 좋은 샘물이 흘러나오고, 뒤이어 정의의 여신이 한 그루 올리브 나무로 변하니 누구든이 나무를 보면 사랑과 평화를 느끼게 되었다. 시합이 끝난 후 바다의 신은 감복해서 패배를 인정했다. 제우스는 이것을 기념하기 위해 몸에 지니고 있던 저울을 하늘로 향해 던져 지금의 천칭자리가 되었다.

금성(비너스)

관련 별자리	황소자리(토러스), 천칭자리(리브라)
주기	1년 1개월
색	녹색, 흰색
상징	금(金)요일, 여성 성기, 부드러움, 황소, 천칭, 환대, 동정심, 감수성, 감정, 육체, 관능, 쾌락, 소유, 여성(어머니, 부인), 애인, 연인, 결혼, 관계, 매력, 사교성, 아름다움, 협력, 제휴, 계약, 유흥, 무도

금성은 약한 길성으로 사랑과 미의 여신인 금성은 천칭자리의 지배행성(Ruler)이다. 천칭자리 태생은 평상시에 큰 소리를 내지 않고 조그마한 목소리로 차분하게 말하며 노하지 않고 격정에 넘치지 않는다. 또한, 항상 기쁨과 아름다운 품위를 지키도록 사랑과 아름다움의 여신인 비너스 신이 지켜주고 있다. 관계를 이상시하는 경향이 있어 사람과의 관계를 중요하게 생각한다. 차분하며 우아한 태도를 유지하며 부드러운 면을 가진다. 금성은 옳고 선함을 추구하여 이지적인 균형을 중요시한다. 금성은 천칭자리의 수호성으로 선함과 공명정대함을 가지고 있다. 따라서, 천칭자리로부터 받은 이지적인 균형과 금성이 내려준 품위의 보존 정신은 조화로운 인격으로, 풍만하고 아름다운 신사·숙녀를 가꾸게 된다.

❽ 전갈자리(스콜피오) - 명왕성(플루토)

전갈자리(스콜피오)

기간	10월 23일 - 11월 22일
지배 행성	명왕성(플루토)

수호신	하데스(죽음의 신)
3특(자)질 / 에너지	고정궁[픽스드(Fixed)] / 음(-)
4원소	물(水)
기본 성향	밤의 힘, 여성적, 고정적, 소극적
상징	화(火)요일, 남녀의 성기, 성, 지옥, 지하, 잠재의식, 어둠, 숨은 힘, 악마, 마술, 신비, 비밀, 정탐, 죽음, 분해, 부식, 말년의 부, 애정의 갈등, 구태, 발기, 뱀, 박테리아, 파괴, 재생, 질투, 증오, 독기, 전략적, 자기파괴
신화 관련	오리온

별자리 의미의 긍정과 부정

♏ 전갈자리 (스콜피오)	긍정	부정
	집중력, 직관적, 통찰력, 카리스마, 신중함	지배적, 파괴, 죽음, 독설, 무자비, 질투, 비밀스러움

전갈자리 관련 그리스 신화

태양의 신 아폴로의 아들 오리온은 교만하고 무례하기 짝이 없는 사람이었다. 말썽만 피우는 그에게 하루는 어떤 사람이 "넌 아폴로의 아들이 아니야!" 하고 웃으며 지나갔다. 성질 급한 오리온은 그냥 지나치지 못하고 어머니에게 달려가서 물었다. 오리온은 어머니의 대답에도 만족하지 못하고 나날이 의심만 키워가고 있었다. 그리고는 직접 태양신 아폴로에게 가서 물어보겠다며 하늘로 올라갔다. 아폴로는 오리온의 질문을 듣고는 허풍쟁이들 말은 들을 필요가 없다며 자기 아들임을 알렸다. 오리온은 태양의 신이 절대 거짓말을 하지 않는다는 것을 알고 있었음에도 불구하고, 태양 마차를 타고 싶어서 믿을 수가 없다고 울부짖으며 거짓말을 했다. 태양 마차를 통해 자신이 아폴로의 아들이라는 것을 증명하려는 것이었다. 아폴로는 절대 안 된다고 만류했지만 교만한 오리온은 아버지의 주의를 들은 체 만 체하고 태양 마차에 뛰어올랐다. 지상의 인간, 동물, 식물들은 모두 타죽거나 얼어 죽었고, 혼란한 시간이 계속되어 낮과 밤이 뒤죽박죽되는 너무도 비참한 결과를 초래했다. 신들도 분노가 치밀었으며 제우스의 아내 헤라는 전갈 한 마리를 보내 오리온의 발목을 물게 했다. 오리온은 고통스러운 비명과 함께 땅으로 떨어져 죽고 말았다. 이런 이유로 전갈자리가 뜰 때 서쪽 하늘로 오리온자리가 지고 있다.

명왕성(플루토)

관련 별자리	전갈자리(스콜피오)
주기	250년
색	검정색
상징	화(火)요일, 성, 섹스, 질투, 총명, 공격적, 고집, 의지, 죽음, 재생, 부활, 바이러스, 남녀의 성기, 지옥, 지하, 잠재의식, 어둠, 악마, 마술, 신비, 비밀, 부식, 말년의 부, 발기, 뱀, 파괴, 재생, 증오, 독기, 자학, 자기파괴

명왕성은 전갈자리의 지배행성(Ruler)으로 하계의 별이다. 명왕성은 전갈자리에 태어난 사람에게 보이는 면보다는 내면에 미치는 예민한 투시력을 부여해 주고, 영속성을 부여하면서도 삶과 죽음의 신비감을 가지고 있다. 또한, 예민한 투시력을 부여하여 일을 비밀리에 처리하는 능력을 주었다. 명왕성은 사건의 완전한 소멸과 완벽한 창조를 관할하며, 현세로부터 유리되고 싶어하는 경향을 지녔기 때문에 치밀하고 비밀스럽게 처리하는 능력을 발휘한다. 전갈자리의 영혼을 가진 사람은 예민하고 많은 것을 직감적으로 감지할 수 있다. 그리고 전갈자리가 부여하는 음성의 매력과 명왕성이 내려준 통찰력이 더해져서 냉철하고 차분하다.

❾ 사수자리(쎄저테리어스) - 목성(주피터)

사수자리(쎄저테리어스)

기간	11월 22일 - 12월 21일
지배 행성	목성(주피터)
수호신	제우스(절대신)
3특(자)질 / 에너지	변통(화)궁[뮤터블(Mutable)] / 양(+)

4원소	불(火)
기본 성향	낮의 힘, 남성적, 유동적, 적극적
상징	목(木)요일, 질주, 스포츠, 운동장, 신앙, 숭고, 예언, 성전, 성직자, 희생, 외국, 식민지, 성숙, 종교, 철학, 애타주의, 교수, 교육, 탐험가, 관대, 풍요
신화 관련	케이론(키론)

별자리 의미의 긍정과 부정

♐ 사수자리 (쎄저테리어스)	긍정	부정
	현명함, 종교, 철학, 확장, 고등교육, 지혜, 긍정적, 정직	독단적, 위선적, 지배적, 비현실적, 비판적, 편파적

사수자리 관련 그리스 신화

켄타우르족은 반인반마로 사수자리의 성격과 일치하는 이성과 비이성, 인간성과 야수성을 모두 가지고 있다. 이들 켄타우르족 중에 키론은 천성이 선량해서 무리에게 존경을 받고 있었으며, 신들보다도 총명했다. 어느 날 켄타우르족이 만든 술을 맛보기 위해 헤라클레스가 방문했다. 술은 켄타우르족의 공동재산이었지만 헤라클레스는 아랑곳하지 않고 닥치는 대로 훔쳤고, 누구도 그를 막을 수는 없었다. 마침내 그들은 모의하여 헤라클레스가 술에 잔뜩 취해 있을 때 한꺼번에 대반격을 시작했다. 그러나 헤라클레스를 이기기란 애초부터 어려운 일이었다. 헤라클레스가 화살을 마구 쏘아대자 그들은 자신들이 존경하는 키론의 집으로 도망을 갔다. 키론은 애타게 구원을 요청하는 소리를 듣고 황급히 밖으로 뛰어나가 온몸으로 화살을 막으며 동료들을 구해냈다. 하늘의 신 제우스는 켄타우르족의 찢어지는 절규를 듣고 키론의 시체를 들고 하늘로 올라가 그를 하늘의 밝은 별자리로 만들려고 했으나 공간이 부족하여 잘 보이지 않는 남쪽 하늘에 올려놓았다. 그것이 바로 '켄타우루스자리'이다.

목성(주피터)

관련 별자리	사수자리(쎄저테리어스)
주기	12년
색	녹색, 자주색, 짙은 푸른색
상징	목(木)요일, 물고기, 솔직, 충직, 지성, 지배적, 성숙, 법, 정의, 종교, 훈장, 중산층, 성공, 교육, 학문, 명예, 부, 판사, 스포츠, 게임, 행운, 고용, 과잉 행동

　　목성은 사수자리의 지배행성(Ruler)으로 강한 길성이다. 태양계 중에서 가장 큰 행성으로, 낙천적이며 호탕한 기질을 가지고 있어 행운을 가져다 준다. 사수자리에 태어난 사람은 적극적이고 남성적이며 정의와 통찰력을 가지고 예리한 논리력을 가진다. 사수자리가 부여한 이중성격인 자유로움, 목성이 부여한 이중의 생활력은 강력한 출세능력이 된다. 따라서, 자유분방함과 무례함, 변덕스러움을 가져 이중적인 면이 있으며 대범함을 가지고 있다.

❿ 염소자리(캐프리컨) **- 토성**(쎄턴)

염소자리(캐프리컨)

기간	12월 21일 - 1월 20일
지배 행성	토성(쎄턴)
수호신	크로노스(시간의 신)
3특(자)질 / 에너지	활동궁[카디널(Cardinal)] / 음(-)
4원소	흙(地)
기본 성향	밤의 힘, 여성적, 중심적, 소극적
상징	토(土)요일, 근검, 인색, 겨울, 골격, 해골, 노쇠, 노년, 노인, 고독, 시간, 깨우침, 입문, 가난, 질서, 경제, 농업, 실현, 인내, 끈기, 근면, 정확성, 정부, 요직, 유경험자, 현자
신화 관련	판

별자리 의미의 긍정과 부정

ㄷ 염소자리 (캐프리컨)	긍정	부정
	조직적, 야망, 책임감, 전략적,실천적, 완벽추구	지배적, 권위적, 독단적, 계산적, 냉정함, 방어적, 소극적

염소자리 관련 그리스 신화

아르카디아의 계곡에는 목동 수호자인, 머리엔 뿔이 있고 하반신은 염소의 외모인 판이라는 신이 살고 있었다. 이런 추한 외모로 인해 사랑하는 여신이 있어도 차마 말을 할 수 없어 판은 아주 비관적이며 외롭게 살았다. 판은 매일 밤낮을 가리지 않고 오로지 피리를 불며 자신의 외로움과 고독을 달래며 살고 있었다. 어느 날 나일강가에 모든 신이 모여 파티를 열며 흥겹게 즐기고 있을 때, 제우스는 판에게 피리를 불게 했다. 그 처량하게 아름답던 피리 소리는 숲속 깊이 퍼져 나가 모든 요정과 신들이 그의 피리 소리에 감동하지 않을 수 없었다. 이때 갑자기 나타난 눈을 백 개나 가지고 있는 티폰의 모습에 여신들과 요정들은 모두 놀라 나비나 새로 변해서 날아가고, 몇몇은 물고기로 변해서 도망가 버렸다. 단숨에 사라져 버리는 요정들도 있었다. 판도 주문을 외우면서 물속으로 뛰어 들었지만 너무 서두르는 바람에 주문이 섞여 상반신은 뿔과 수염을 가진 염소로, 하반신은 물고기의 모습으로 변하고 만 것이다. 판이 주문을 바꾸려는 순간, 멀리서 티폰에게 붙잡힌 제우스의 비명이 들려왔다. 판은 급히 피리를 입에 물고 살을 에는 듯한 처절한 소리를 내어, 티폰이 겁을 먹고 제우스를 놓아둔 채 달아나게 했다. 판의 재치 있는 도움으로 살아난 제우스는 보답으로 하늘의 별들 속에 반은 염소이고, 반은 물고기인 바다염소를 만들어 영원히 기억하게 했다.

토성(쎄턴)

관련 별자리	염소자리(캐프리컨)
주기	29년 6개월

색	검은색, 회색
상징	토(土)요일, 물병자리, 냉정, 숙고, 사려, 시간, 경험, 지체, 칩거, 지혜, 노인, 노령기, 위축, 신중, 실패, 추락, 적, 고독, 독신, 은둔자, 과학, 학문, 제한

토성은 염소자리의 지배행성(Ruler)으로 강한 흉성이다. 세계의 경계와 울타리, 시간적 주기를 상징하며, 견실성을 가지고 있어 시련에 있어서 인내심을 발휘한다. 염소자리의 영혼을 가진 사람은 어질고 사교성을 가지고 있어 지도자의 기운을 가지고 있다. 생동감과 활력으로 사람들을 끄는 매력을 지니고 있지만 엄격함과 오만함을 가지고 있다. 염소자리로부터 부여받은 인내심으로 생명을 키워가고 보호자인 토성이 부여해 준 천사나 악마와의 사교성으로 책임감을 발휘하게 된다.

⑪ 물병자리(어쿼리어스) **- 천왕성**(유레너스)

물병자리(어쿼리어스)

기간	1월 20일 - 2월 19일
지배 행성	천왕성(유레너스)
수호신	우로노스(하늘의 신)
3특(자)질 / 에너지	고정궁[픽스드(Fixed)] / 양(+)
4원소	공기(風)
기본 성향	낮의 힘, 남성적, 고정적, 소극적
상징	토(土)요일, 애타주의, 동정심, 과학, 미래, 공간, 형제애, 박애, 인터넷, 복지, 사회사업, 발명, 혁신, 우정, 발견, 혁신 교통(비행기 등), 국제기관, 국제조약, 교류, 독창성, 이상향, 무질서, 폭발, 혁명, 파괴, 불안정, 불균형
신화 관련	가니메데 왕자

별자리 의미의 긍정과 부정

♒ 물병자리 (어쿼리어스)	긍정	부정
	유동적, 인도주의, 민주적, 이상주의적, 독창적, 자유	개인주의, 특이함, 반항적, 냉담함, 일탈, 이기적

물병자리 관련 그리스 신화

옛날 트로이라는 나라에, 모든 처녀의 결혼 상대로 손꼽히는 아주 멋있는 가니메데 왕자가 살고 있었다. 어느 날 하늘에서 연회가 벌어지는데, 제우스 신에게 술을 따라주는 일을 하던 여자가 발목을 다치게 되어 더는 그 일을 할 수 없게 되었다. 그러던 중에 아폴로가 제우스에게 트로이에서 보았던 가니메데 왕자에 대해 말해 주었고 호기심이 생긴 제우스는 가니메데 왕자를 보러 트로이에 가게 되었다. 가니메데 왕자의 모습을 본 제우스는 놀랄 수밖에 없었다. 제우스는 큰 독수리로 변해 왕자가 혼자 있을 때를 틈타 단번에 그를 낚아채서 하늘로 올라와 버렸고 왕자는 졸지에 제우스의 하인이 되어 술 따르는 일을 하게 되었다. 그러나 왕자는 고향과 식구들 생각에 슬픔에 빠져 하염없이 눈물만 흘렸고 트로이의 국왕도 왕자를 너무 보고 싶어 했다. 왕자가 너무 슬퍼하고 트로이의 국왕도 왕자를 애타게 그리워하자 제우스는 미안한 생각에 트로이의 국왕에게 사실을 얘기하고 위로의 뜻으로 신마를 몇 마리 보내주었다. 왕자도 성으로 보내 국왕을 만날 수 있게 해주었지만 트로이에 살 수 있게는 하지 않아, 하늘로 다시 간 가니메데 왕자는 물병이 되어 영원히 술을 따르게 되었다.

천왕성(유레너스)

관련 별자리	물병자리(어퀘리어스)
주기	84년
색	녹색, 하늘색, 메탈릭 블루
상징	수(水)요일, 발전, 대변화, 발명, 공간, 독창성, 충동, 참신성, 현대적 발명, 무선 통신, 텔레비전, 인터넷, 전기, 전자, 개척자, 혁명, 사회주의, 혁신 교통(비행기 등), 조합, 천재

천왕성은 물병자리의 지배행성(Ruler)이며, 하늘의 별이라 불린다. 밤과 낮, 계절이 함께 변하여 변화무쌍한 별이고, 독창성과 관찰력을 가지고 있으며 공중을 자유롭게 뛰어다닐 수 있는 속박 없는 지혜를 유감없이 부여받아 자유분방하다. 무절제하며 괴팍한 면도 있지만, 이상주의를 추구

하는 낭만적인 면도 가지고 있다. 물병자리가 부여해 준 뛰어난 추리력과 지배행성인 천왕성이 내려준 자유로운 지혜로 창조자의 기운을 가진다. 당돌하고 거만하기도 하며 돌발적인 행위를 하기도 한다.

⑫ 물고기자리(파이씨즈) **- 해왕성**(넵튠)

물고기자리(파이씨즈)

기간	2월 19일 - 3월 20일
지배 행성	해왕성(넵튠)
수호신	포세이돈(바다의 신)
3특(자)질 / 에너지	변통(화)궁[뮤터블(Mutable)] / 음(-)
4원소	물(水)
기본 성향	밤의 힘, 여성적, 유동적, 소극적
상징	목(木)요일, 무한대, 우주의 신비, 신앙, 숨겨진 것, 신비주의, 신비학, 비전(학), 비의, 수난, 배신, 희생, 도피, 포기, 우유부단, 미신, 사기, 알코올, 사진, 종교
신화 관련	아프로디테

별자리 의미의 긍정과 부정

♓ 물고기자리 (파이씨즈)	긍정	부정
	감성적, 예술적, 이해심, 희생적, 신비로움	비현실적, 망상, 회의주의, 현실도피, 감정에 휘둘림

물고기자리 관련 그리스 신화

사랑의 신, 미의 여신인 아프로디테는 자신의 아들인 큐피트와 신들의 연회에 참석했다. 신들의 연회에서는 당연히 모든 여신이 자신의 외모를 뽐내려고 애썼고 그 모습이 너무나 아름다워서 누가 가장 아름답다고 할 수 없을 정도였다. 남자 신들은 한 손에 술잔을 든 채로 삼삼오오 모여서 우주의 생성과 신들이 인간에게 해주어야 할 일 등을 의논하고 있었고, 단조로움과 따분함을 피해 아이들은 이미 술래잡기에 빠져 있는 등 연회장의 분위기는 향기로운 술과 맛있는 향을 내는 음식들, 아이들로 인해 절정의 분위기로 달아올랐다. 그런데 파티를 방해할 목적으로 갑자기 찾아온, 추악한 외모에 악독한 마음을 가진 괴물 티폰이 나타나자 평화롭고 화려한 파티는 순식간에 깨져 버렸다. 그는 연회의 상을 뒤집고, 아름다운 꽃 화분을 분수대로 내던져 버리는 등 연회장에 모인 모든 신을 두려움에 떨게 만들었다. 신들은 모두 사방으로 도망가기 시작했고, 연회장은 아수라장이 되어버렸다. 비명과 아이들의 울음소리가 울려 퍼졌다. 이때, 아프로디테는 자신의 아들 큐피트가 없어진 것을 발견하고는 사방으로 찾아 헤매었다. 구석구석 찾던 끝에 피아노 아래에서 울고 있는 큐피트를 발견한 아프로디테는 큰 두려움으로 떨고 있는 큐피트를 재빨리 품에 안아 진정을 시켰다. 그리고 또다시 헤어지는 걸 막기 위해 자신의 발과 큐피트의 발을 묶고는 물고기로 변해 그 무서운 불청객의 손에서 벗어났다. 그 물고기로 변한 아프로디테와 큐피트가 바로 물고기자리다.

해왕성(넵튠)

관련 별자리	물고기자리(파이씨즈)
주기	165년
색	검정색, 푸르스름한 색
상징	목(木)요일, 시, 음악, 영감, 신앙, 미학, 복잡, 미묘, 배신, 불법, 회피, 도주, 이별, 의심, 회의, 악, 고통, 담배, 광기, 사진, 정탐, 신비, 숨겨진 것, 비밀, 점, 알콜, 에테르, 물고기

　해왕성은 물고기자리의 지배행성(Ruler)으로 넓은 포용력을 부여한다. 무엇이든지 삼켜 버리는 바다와 같은 포용력을 부여해 주어 해왕성은 상상의 별이라고도 불린다. 자신의 운명이 정확하지 않아 이성의 감화나 연결 등으로 출세하거나 몰락하기도 하는 해왕성은 인간의 무의식과 예술적 감수성을 상징한다. 물고기자리의 영혼을 가지고 있는 자는 치유의 에너지와 섬세함을 지니고 있다. 해왕성이 부여하는 포용력과 물고기자리가 주는 헌신성과 영적이면서 빼어난 직감력으로 신비스러운 생활을 이해하고 만들어간다.

(2) 4원소, 3대 특(자)질, 양극성

① 4원소

4원소는 불(火), 공기(風), 물(水), 흙(地)을 의미한다. 이 4가지 원소를 가지고 모든 세상 만사를 표현하고 이끌 수 있다고 하여 4원소라고 칭한다. 그런데, 이 4원소는 아래와 같이 나름대로 독특한 성향을 가지고 있다.

1) 불(火): 적극적으로 의지력을 발휘하며 열정적이고 활동적으로 자신감을 드러냄. 열정, 의지, 행동, 에너지.

2) 공기(風): 합리적이고 분석적이다. 임기응변이 좋으며, 밝고 활기참. 논리, 사고, 분석, 갈등.

3) 물(水): 감수성과 상상력이 풍부하다. 예술적 감각이 뛰어나며 낭만적임. 감성, 사랑, 감정, 동정.

4) 흙(地): 믿음직하며 성실하다. 침착하고 인내력이 있다. 견고하고 신념과 소신이 강함. 물질, 경제, 실질, 재화.

불(火)	양자리, 사자자리, 사수자리
흙(地)	황소자리, 처녀자리, 염소자리
공기(風)	쌍둥이자리, 천칭자리, 물병자리
물(水)	게자리, 전갈자리, 물고기자리

〈표4〉 12별자리와 4원소

② 3대 특(자)질

3대 특(자)질에는 활동궁(活動宮, 카디널(Cardinal), 고정궁[固定宮, 픽스드(Fixed)], 변통(화)궁[變通宮, 뮤터블(Mutable)]이 있다. **활동궁**(Cardinal sign)은 자발적이고 의지적이며, 선구적이고 진취적인 별자리이다. 태양이 매년 그것들을 통과할 때면 계절의 변화가 시작되는 황도대의 별자리이다. 카디널(Cardinal)이라는 말은 경첩을 뜻하는 라틴어 카르디네(Cardine)에서 파생되었는데, 그것들은 각각 계절의 전환점을 나타내기 때문이다. 활동궁에 해당하는 별자리는 태양이 이 별자리를 통과할 때 북반구에서는 봄이 그리고 남반구에서는 가을이 시작되는 **양자리**, 태양이 이 별자리를 통과할 때 북반구에서는 여름이, 남반구에서는 겨울이 시작되는 **게자리**, 태양이 이 별자리를 통과할 때 북반구에서는 가을이, 남반구에서는 봄이 시작되는 **천칭자리**, 태양이 이 별자리를 통과할 때 북반구에서는 겨울이 그리고 남반구에서는 여름이 시작되는 **염소자리**가 있다.

고정궁(Fixed sign)은 안정과 결정, 심원함 그리고 지속성과 연관된다. 고정궁은 종종 활동궁이나 변통궁보다 더 많은 것을 성취할 수 있을 정도로 강력하면서도 고집이 세다. 또한, 완고하고, 엄격하며, 완강하고, 독선적이며, 외골수이다.

고정궁에 해당하는 별자리는 북반구에서는 봄이고 남반구에서는 가을인 **황소자리**, 북반구에서는 여름이고 남반구에서는 겨울인 **사자자리**, 북반구에서는 가을이고 남반구에서는 봄인 **전갈자리**, 북반구에서는 겨울이고 남반구에서는 여름인 **물병자리**가 있다.

변통(화)**궁**(Mutable sign)은 순응적이며, 사려분별이 있고, 분석적이며, 외향적인 별자리이다. 즉 변통궁은 활동궁이나 고정궁의 어떤 측면들에 따라서 처신할 만큼의 긍정적인 특성과 연관될 수 있다. 변통(화)궁에 해당하는 별자리는 봄과 여름의 사이의 **쌍둥이자리**, 여름과 가을의 사이의 **처녀자리**, 가을과 겨울의 사이의 **사수자리**, 겨울과 봄의 사이의 **물고기자리**가 있다.[*]

심볼론 상담에서 3대 특질, 자질은 에너지(의지&행동)의 활성화 정도와 연관하여 생각하면 이해하기 쉽다. 활동궁(의지↑&행동↓)은 의지는 강하나 행동이 끝까지 뒷받침해주기 어려우며, 고정궁(의지↓&행동↑)은 의지를 서서히 드러내나 행동이 끝까지 뒷받침해준다. 변통(화)궁(의지↓&행동↓)은 의지의 발현은 차분하며 행동 에너지가 부족하다는 의미로 이해하면 손쉽게 상담에 적용할 수 있다. 즉, 활동궁은 의지를 가지고 열정적으로 시작하나 행동으로의 완성을 기대하기 어렵고, 고정궁은 의지를 가지고 시작하

*위키백과 참조

여 행동으로의 완성을 이루며, 변통궁은 의지가 약해 열정적으로 시작하기 어려우며 행동으로의 완성 또한 기대하기 어렵다.

활동궁[카디널(cardinal)]	양자리, 게자리, 천칭자리, 염소자리
고정궁(픽스드(fixed))	황소자리, 사자자리, 전갈자리, 물병자리
변통궁[뮤터블(mutable)]	쌍둥이자리, 처녀자리, 사수자리, 물고기자리

〈표5〉 12별자리와 3특(자)질

이상의 4원소와 3대 특(자)질을 정리하면 아래 〈표6〉과 같다.

	활동궁 (카디널)	고정궁 (픽스드)	변통궁 (뮤터블)	활동궁 (카디널)	고정궁 (픽스드)	변통궁 (뮤터블)
완즈(불)	양자리	사자자리	사수자리	양자리	사자자리	사수자리
펜타클(흙)	염소자리	황소자리	처녀자리	염소자리	황소자리	처녀자리
소드(공기)	천칭자리	물병자리	쌍둥이자리	천칭자리	물병자리	쌍둥이자리
컵(물)	게자리	전갈자리	물고기자리	게자리	전갈자리	물고기자리

〈표6〉 12별자리와 4원소, 3특(자)질

③ 양극성

양(+)의 에너지와 음(-)의 에너지를 총칭해 양극성이라고 칭한다. 양극성의 에너지는 스스로 적극적으로 행하는지 소극적으로 행하는지의 차이이다. 양(+)의 에너지는 수용적으로 받기보다는 적극적으로 나서서 행동하는 능동적 에너지이며, 음(-)의 에너지는 적극적으로 행하기보다는 수용적으로 행하는 수동적 에너지이다.

4원소를 양극성과 비교해 본다면 불(火)과 공기(風)는 양(+)의 에너지이고, 물(水)과 흙(地)은 음(-)의 에너지이다.

양(+)의 에너지	양자리, 쌍둥이자리, 사자자리, 천칭자리, 사수자리, 물병자리
음(-)의 에너지	황소자리, 게자리, 처녀자리, 전갈자리, 염소자리, 물고기자리

④ 4원소, 3대 특(자)질, 양극성을 이용한 상담 방법

1. 메이저 카드

1. THE WARRIOR (전사) 양자리(♈) - 화성(♂)	
불(火)	적극적으로 의지력을 발휘하며 열정적이고 활동적으로 자신감을 드러냄. 열정, 의지, 행동, 에너지
활동궁	시작하거나 추진하려는 의지와 충동이 강함. 적극적인 의지를 지속적인 행동력으로 뒷받침하기 어려움.
양의 에너지(+)*	수용적으로 받기보다는 적극적으로 나서서 행동하는 능동적 에너지
키워드	공격성, 성취할 수 있는 능력, 정복, 선동자, 정력, 새 출발을 위한 에너지

『1. THE WARRIOR (전사)』는 불(화)의 요소이며 활동궁이고, 양의 에너지(+)를 소유한 카드이다. 따라서 열정, 의지, 행동, 에너지를 가지고 적극적으로 의지력을 발휘하며 열정적이고 활동적으로 자신감을 드러내는 카드이다. 또한, 시작하거나 추진하려는 의지와 충동이 강하나 적극적인 의지를 지속적인 행동력으로 뒷받침하기 어려우며 수용적으로 받기보다는 적극적으로 나서서 행동하는 능동적 에너지를 보유하고 있는 카드이다. 따라서, 『1. THE WARRIOR (전사)』의 키워드는 공격성, 성취할 수 있는 능력, 정복, 선동자, 정력, 새 출발을 위한 에너지가 도출되는 것이다. 물론 양자리(♈)-화성(♂)에 이 모든 것이 포함되어 있으므로 양자리(♈)-화성(♂)의 성향을 분석하여도 『1. THE WARRIOR (전사)』의 키워드는 공격성, 성취할 수 있는 능력, 정복, 선동자, 정력, 새 출발을 위한 에너지가 도출된다.

2. 그 밖의 카드

*메이저 카드 12장의 양(+), 음(-)의 에너지는 별자리가 오른쪽에 표시되어 있을 경우에는 양의 에너지(+), 왼쪽에 표시되어 있을 경우에는 음의 에너지(-)로 파악하면 된다.

13. DEFIANCE (반항)		

4. 어머니		1. 전사
♋ 게자리		♈ 양자리
☽ 달		♂ 화성
물(水)	파괴적인 아이	불(火)
활동궁(카디널) / −	격노 가출한 아이 야단법석	활동궁(카디널) / +
6.21~7.22	분노	3.20 ~ 4.20
여성성, 가족, 아기, 감정, 헌신, 수용, 영적인 과거	어머니에 대한 증오심 여성성에 대한 거부반응	공격성, 성취할 수 있는 능력, 정복, 선동자, 정력, 새 출발을 위한 에너지
♋ 水 활 -		♈ 火 활 +

『13. DEFIANCE (반항)』 카드는 『4. THE MOTHER (어머니)』 카드와 『1. THE WARRIOR (전사)』 카드의 조합으로 만들어진 카드이다. 따라서, 『4. THE MOTHER (어머니)』 카드와 『1. THE WARRIOR (전사)』 카드의 4원소, 3대 특(자)질, 양극성을 1. 메이저 카드와 같이 분석하여 조합하면 어머니의 아이에 대한 헌신적인 수용이 아이의 공격적인 행동과 연계되어 『13. DEFIANCE (반항)』 카드의 키워드인 파괴적인 아이, 격노, 가출한 아이, 야단법석, 분노, 어머니에 대한 증오심, 여성성에 대한 거부반응의 키워드가 도출되게 된다. 또한, 『4. THE MOTHER (어머니)』 카드의 게자리(♋)-달(☽)과 『1. THE WARRIOR (전사)』 카드의 양자리(♈)-화성(♂)의 성향을 조합하여도 파괴적인 아이, 격노, 가출한 아이, 야단법석, 분노, 어머니에 대한 증오

심, 여성성에 대한 거부반응의 키워드가 도출된다.

(3) 그리스 신화 올림포스 12신

① 제우스
로마명으로는 유피테르, 영어명으로는 주피터이다. 아버지인 크로노스를 몰아내고 신들의 왕이 되며, 자신을 거부하는 헤라를 얻기 위해 돌풍을 부르고 종달새로 변신하는 등의 방법으로 유혹한다. 헤라와 결혼을 하지만 바람을 많이 피운다. 모든 이들을 보호하는 하늘의 지배자이며, 하늘을 주관하며 번개, 독수리, 왕홀의 상징이다. 관련 행성은 목성이다.

② 헤라
로마명으로는 유노, 영어명으로는 주노이다. 제우스의 누이이자 아내이다. 제우스의 바람기가 심해 질투심에 불타는 복수의 화신이다. 제우스가 바람을 피우면 항상 질투하며 상대 여성에게 벌을 내린다. 헤라는 머리에 왕관을 쓴 모습으로 주로 표현되고 결혼을 주관하며 공작, 뻐꾸기, 석류의 상징이다.

③ 포세이돈
로마명으로는 넵투누스, 영어명으로는 넵튠이다. 크로노스와 레아 사이에서 태어난 신으로 제우스와 형제 사이이다. 바다를 다스리며 지진을 일으키는 신이다. 세 개의 날이 있는 삼지창을 들고 다니며 말, 돌고래, 물고기, 소의 상징이다. 관련 행성은 해왕성이다.

④ 아테나(네)
로마명과 영어명 모두 미네르바이다. 전쟁과 지혜의 여신으로 제우스와 메티스 사이의 딸이다. 포세이돈과 아테네에서 전투를 벌였을 때 올리브

나무를 돌게 하여 승리를 거두었다. 배우자나 연인이 없어 처녀의 신으로 불린다. 올빼미, 투구, 창의 상징이다.

⑤ 아폴론

로마명은 포에부스, 영어명은 아폴로이다. 제우스와 레토 사이에서 아르테미스의 쌍둥이 오빠로 태어난다. 태양과 음악의 신으로 보통 월계관을 머리에 쓰고 있고 음악의 신답게 한 손에는 리라를 든 모습을 하고 있다. 월계관, 백조, 돌고래, 활의 상징이다. 관련 행성은 태양이다.

⑥ 아르테미스

로마명은 디아나, 영어명은 다이아나이다. 제우스와 레토 사이에서 아폴론의 쌍둥이 동생으로 태어난다. 술과 달, 사냥의 여신이다. 아르테미스는 은 활과 금 화살을 들고 숲에서 사냥하는 여신의 모습을 하고 있다. 활, 초승달, 곰, 사슴의 상징이다. 관련 행성은 달이다.

⑦ 아프로디테

로마명은 베누스, 영어명은 비너스이다. 제우스와 디오네 사이에서 태어난 딸로, 신 중 가장 아름다운 여신이며 풍요와 사랑을 관장한다. 전라 또는 반라의 모습으로 관능적인 여성미를 강조한 모습이다. 미와 사랑의 여신이다. 큐피드의 상징이다. 관련 행성은 금성이다.

⑧ 헤파이스토스

로마명은 불카누스, 영어명은 벌컨이다. 제우스와 헤라의 아들로, 손재주가 뛰어나며 불과 대장장이의 신이다. 절름발이에 망치와 지팡이 등을 손에 든 모습으로 표현된다. 망치, 지팡이의 상징이다. 장인의 수호신으로 숭배된다.

⑨ 아레스

로마명은 마르스, 영어명은 마스다. 제우스와 헤라의 아들로, 포악한 성질과 잔인한 면을 소유하고 있다. 전쟁과 파괴의 신이다. 전쟁이 연상되는 갑옷과 투구를 쓰고 있으며 손에는 무기를 들고 있다. 횃불, 개, 방패, 갑옷, 창의 상징이다. 관련 행성은 화성이다.

⑩ 데메테르

로마명은 케레스, 영어명은 세레스이다. 제우스의 누이로 대지에서 자라는 곡물의 수확과 관련된 대지의 여신이다. 제우스와 딸 페르세포네를 낳았으나 하데스에게 빼앗겨 겨울이 생겨난다. 밀, 이삭, 수선화, 양귀비, 뱀, 암퇘지, 학의 상징이다.

⑪ 헤스티아

로마명, 영어명 모두 베스타이다. 제우스의 누이로 신 중 가장 온화하고 부드러운 성격과 마음을 소유했다. 불과 화덕의 여신으로 온화하고 부드러운 마음을 가지고 있으며 처녀 여신이다.

⑫ 헤르메스

로마명으로는 머쿠리우스, 영어명으로는 머큐리이다. 제우스와 님프의 요정 마이아 사이의 아들로, 신들의 의사를 전달하는 전령 역할을 수행한다. 여행, 상업, 목동, 체육, 전령, 도둑과 거짓말쟁이의 교활함을 주관하는 신이다. 날개 달린 지팡이, 날개 달린 모자, 날개 달린 신발의 상징이다. 관련 행성은 수성이다.

제 2 편

심볼론 카드 실전

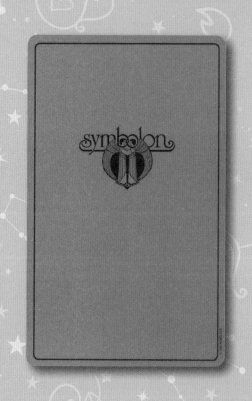

1. THE WARRIOR
전사

상징	사인	♈ 양자리
	행성	♂ 화성
원소		불(火)
특질		활동궁(카디널) / +
기간		3. 20. ~ 4. 20.
주제어		공격성, 성취할 수 있는 능력, 정복, 선동자, 정력, 새 출발을 위한 에너지

♈	♉	♊	♋	♌	♍	♎	♏	♐	♑	♒	♓
火	地	風	水	火	地	風	水	火	地	風	水
활	고	변	활	고	변	활	고	변	활	고	변
+*	-	+	-	+	-	+	-	+	-	+	-

카드 이미지 핵심 해설

전쟁터로 보이는 삭막한 장소에서 주인공이 짧은 칼과 방패를 들고 어디론가 성급히 뛰어가고 있다. 주위에 사람이 쓰러져 있으나 강한 의지의 표정으로 앞만 보고 달려간다.

1. 핵심 상징 이해

(1) 사인: 양자리(♈) 1 본인만의 독자적인 길을 추구하는 성격이며 적극적으로 나아간다. 2 본능적이고 솔직하며 명확한 주관이 있다. 3 자기중심적이며 의지하거나 구속받기를 강하게 거부한다. 4 심사숙고하기보다 행동이 앞선다.

(2) 행성: 화성(♂) 1 전체적인 의미가 다소 좋지 않은 ⒮흉성이다. 2 직설적이고 과격, 난폭하며 공격적이다. 3 갑작스럽고 다급한 상황이 발생할 수 있다. 4 역동적이며 충동적이다.

*별자리(사인) – 원소 – 특(자)질 – 에너지(양, 음)의 순서 배열

2. 실전 상담에서 배열된 카드의 의미

A. 한 장의 카드 혹은 첫 번째 카드: 문제 근본적인 문제는 분노와 공격성이다. 당신은 자신의 분노와 공격성을 인지 혹은 인정하지 못하고 있는 상태다. 페르소나에 어떤 일이 발생했는가? 왜 감정을 숨기고 있을까? 그 이유는 이성적이고 교양 있는 자신에게 분노와 공격적인 감정들은 어울리지 않는다고 생각하거나 자신의 비겁함에 직면하고 싶지 않기 때문이다.

B. 카드가 연속으로 배열되는 경우: 문제를 통해 해답을 찾는 방법 당신의 본능을 부추겨 문제 해결에 이르게 한다. 자신을 옥죄고 있는 힘든 일을 해결해 나가도록 독려해야 한다. 따라서 문제를 해결하기 위해 행동하지 않으면 아무것도 해결할 수 없는 것이다.

C. 마지막 카드: 결과 당신은 행동할 수 있는 능력을 회복하게 되고, 재생 가능한 힘을 얻게 된다. 이 과정의 결과는 당신의 인생에 있어서 완전한 새 출발을 의미한다. 새 출발을 통해 당신은 힘(또는 전사)을 얻게 된다.

3. 실전 상담 전문가 TIP

심볼론 카드는 상징(사인과 행성)의 의미를 명확히 파악해야 서로 간의 조합을 통해 의미 파악이 가능하다. 따라서 앞 단원, 점성학의 기초에 관한 내용을 명확히 파악하는 것이 중요하다. 『1. THE WARRIOR (전사)』 카드는 보통 즉흥적인 행동과 연관된 상황에서 많이 등장하는 카드이다.

사인	♈ 양자리	적극적, 본능적, 자기중심적, 심사숙고 부족
행성	♂ 화성	과격, 난폭, 공격적, 역동적, 충동적

+

원소	불(火)	열정, 의지, 에너지, 외향적, 활동적
특질	활동궁(카디널) / +	의지↑ & 행동↓ / 능동적

1. THE WARRIOR (전사)	공격성, 성취할 수 있는 능력, 정복, 선동자, 정력, 새 출발을 위한 에너지

2. THE LOVER
연인

상징	사인	♉ 황소자리
	행성	♀ 금성
원소		흙(地)
특질		고정궁(픽스드) / -
기간		4. 20. ~ 5. 21.
주제어		가치, 매력, 소유, 사교성, 육체적 매력

♈	♉	♊	♋	♌	♍	♎	♏	♐	♑	♒	♓
火	地	風	水	火	地	風	水	火	地	風	水
활	고	변	활	고	변	활	고	변	활	고	변
+	-	+	-	+	-	+	-	+	-	+	-

카드 이미지 핵심 해설

부족함이 없어 보이는 아름다운 저택의 정원에 꽃과 과일이 풍성하다. 여성 주인공은 거울을 보며 한쪽 발을 연못에 담그고 있다. 한 마리의 비둘기가 정원을 가로질러 날아다니고 있다.

1. 핵심 상징 이해

(1) **사인: 황소자리(♉)** 1 모든 일에 여유롭고 느긋한 성격을 소유하고 있다. 2 실용적이고 현실적 만족을 추구한다. 3 행동에 있어서 일회성이 아니라 꾸준하게 행한다. 4 새로운 변화보다 기존의 보수를 원하며, 탐욕스럽다.

(2) **행성: 금성(♀)** 1 전체적인 의미가 다소 좋은 (소)길성이다. 2 아름다움과 연관된 행성으로 즐거움(쾌락)을 추구한다. 3 부드러움과 친절함을 통해 관계를 개선한다. 4 관능적이며 감성적이다.

2. 실전 상담에서 배열된 카드의 의미

A. 한 장의 카드 혹은 첫 번째 카드: 문제 마음속 깊이 무가치한 자신의 감정을 느끼고 있는 죄수와 같다. 자신을 평가절하하는 상태("나 자신이 싫어"와 같은 말)를 표면에 드러 내야 한다. 사람들의 이목을 끌기 위한 노력을 하거나(육체적 관계를 맺기 위해 혹은 사람들 이 나를 좋아하게 만들기 위해서) 타인의 지위를 활용하는 것은 부질없는 행동이다.

B. 카드가 연속으로 배열되는 경우: 문제를 통해 해답을 찾는 방법 밀교에서는 육신과 물 질을 버리라고 하지만, 이 카드에서는 당신이 금성을 먼저 생각해야 한다고 말하 고 있다. 즉, 금성의 친구가 되어야 한다는 것이다. 인생을 감각적인 경험으로 바 라보고 영혼의 안식처인 자신의 육체를 존중하고 가치 있게 여기는 법을 배워야 한다는 것이다. 다만, 이에 대한 중요성을 과장하지 않고 에너지를 낭비하지 않아 야 한다.

C. 마지막 카드: 결과 당신은 이 과정을 통해 자존감을 얻게 된다. 상황을 현실적으 로 판단하는 법을 배우고 사물을 있는 그대로 바라보게 된다.

3. 실전 상담 전문가 TIP

행성의 구분에 있어서 길성과 흉성을 구분하는 기준은 그 영향력이 인간에게 유익 한 것인가의 여부이다. 대, 소의 구분 기준은 그 영향력의 지속 시간과 연관이 있 다. 『2. THE LOVER (연인)』 카드는 아름다움, 유혹, 물질적 풍요에 대한 소유욕, 집 착과 연관된다.

사인	♉ 황소자리	실용적, 현실적, 탐욕스러움, 평화적
행성	♀ 금성	쾌락 추구, 친절함, 관능적, 감성적

원소	흙(地)	현실적, 실용적, 물질적, 안정 추구, 내향적
특질	고정궁(픽스드) / −	의지↓ & 행동↑ / 소극적

2. THE LOVER (연인)	가치, 매력, 소유, 사교성, 육체적 매력

3. THE MEDIATOR
중재자

상징	사인	♊ 쌍둥이자리
상징	행성	☿ 수성
원소		공기(風)
특질		변통궁(뮤터블) / +
기간		5. 21. ~ 6. 21.
주제어		신의 메시지를 전달하는 메신저, 지성, 계약, 구경꾼, 편안함

♈	♉	♊	♋	♌	♍	♎	♏	♐	♑	♒	♓
火	地	風	水	火	地	風	水	火	地	風	水
활	고	변	활	고	변	활	고	변	활	고	변
+	-	+	-	+	-	+	-	+	-	+	-

카드 이미지 핵심 해설

주인공으로 보이는 한 남성이 번잡한 도시를 빠져나와 한 손에 문서를 들고 날개 달린 모자와 날개 달린 신발을 신고 바쁘게 걸어가고 있다.

1. 핵심 상징 이해

(1) **사인: 쌍둥이자리(♊)** 1 호기심이 많고 합리적이며 커뮤니케이션을 좋아한다. 2 문학에 관심이 많고 지적이며 지성적이다. 3 일방적인 관계를 회피하고 쌍방적인 관계를 지향한다. 4 선택적인 부분에서 가능성을 열어두고 결정을 어려워할 수 있다.

(2) **행성: 수성(☿)** 1 언어, 기호를 이해하는 능력 또는 학업적인 부분과 연관된다. 2 이동(단거리)과 연관된다. 3 사고, 지식, 정보 분야와 관련 있다. 4 양쪽을 이어주는 중개에 능숙하다.

2. 실전 상담에서 배열된 카드의 의미

A. 한 장의 카드 혹은 첫 번째 카드: 문제 자신의 현재 위치에 만족하지 못하고 있는 상태다. 자신이 현재 하는 일이 지루하고 진부하며 하찮다고 느끼고 있다. 수성이 주는 의미와 요구에 공감하지 않으려 한다. 자신의 날개와 빛을 잃어버린 상태다.

B. 카드가 연속으로 배열되는 경우: 문제를 통해 해답을 찾는 방법 수성은 당신이 해답에 이를 수 있도록 돕는다. 수성은 "자신에게 거리를 두고 현재 상황을 바라보라. 진실한 감정과 공정하고 객관적인 태도로 문제를 바라보라"라고 말한다.

C. 마지막 카드: 결과 앞으로 펼쳐질 여정이 얼마나 험난한지와 상관없이, 당신은 자신의 무의식과 의식을 결합하기 위해 "헤르메스의 날개"를 사용할 수 있을 것이며 중립적인 위치에서 자신을 바라보게 될 것이다. 훗날 웃음 지으며 떠올리게 될 것이다.

3. 실전 상담 전문가 TIP

행성의 구분에 있어서 중성은 상황에 따라 길성으로 영향력을 미치기도 하고 흉성으로 영향력을 미치기도 한다. 『3. THE MEDIATOR (중재자)』 카드는 사교성이 좋지만 가벼운 공기의 성향을 가지고 있어 실수를 할 수 있으니 신중해야 한다.

사인	Ⅱ 쌍둥이자리	호기심, 커뮤니케이션, 합리적, 지적, 지성적
행성	☿ 수성	사고, 지식, 정보, 중개, 이동

+

원소	공기(風)	논리, 사고, 분석, 판단, 지적 호기심, 커뮤니케이션, 외향적
특질	변통궁(뮤터블) / +	의지↓ & 행동↓ / 능동적

⬇

3. THE MEDIATOR (중재자)	신의 메시지를 전달하는 메신저, 지성, 계약, 구경꾼, 편안함

4. THE MOTHER
어머니

상징	사인	♋ 게자리
	행성	☽ 달
원소		물(水)
특질		활동궁(카디널) / –
기간		6. 21. ~ 7. 22.
주제어		여성성, 가족, 아기, 감정, 헌신, 수용, 영적인 과거

♈	♉	♊	♋	♌	♍	♎	♏	♐	♑	♒	♓
火	地	風	水	火	地	風	水	火	地	風	水
활	고	변	활	고	변	활	고	변	활	고	변
+	-	+	-	+	-	+	-	+	-	+	-

카드 이미지 핵심 해설

달의 그림자가 드리운 물 위에 어머니가 아이를 안고 있다. 물 위의 달은 물결에 의해 여러 개가 그려져 있고, 그 모양이 변하고 있다.

1. 핵심 상징 이해

(1) **사인: 게자리(♋)** 1 차분하고 부드러울 성향이다. 2 변덕스러울 정도로 감정의 기복이 클 수 있다. 3 마음과 관련한 부분은 상당히 예민하다. 4 가정을 포함하여 집단, 조직 결속력을 중요하게 생각한다.

(2) **행성: 달(☽)** 1 의사 표현에 있어 직접적이거나 공격적이지 않고 간접적이거나 우회적이다. 2 주변의 감정이나 분위기를 잘 느끼고 공감을 잘한다. 3 상대방과의 캘리브레이션(관측) 능력이 탁월하다. 4 여성적 감성과 모성애가 발달되어 있다.

2. 실전 상담에서 배열된 카드의 의미

A. 한 장의 카드 혹은 첫 번째 카드: 문제 영혼의 감로수와 같은 자신의 감정은 늘 "아니오"라고 말하는 내면의 아이로 인해 바짝 타들어 간다. "아니오"라는 대답은 자신의 내면에 존재하는 것들을 차단한다. 자신의 감정, 여성성과 나약함을 두려워한다.

B. 카드가 연속으로 배열되는 경우: 문제를 통해 해답을 찾는 방법 이 카드는 자신의 감정에 충실하라고 말한다. 또한, 이성을 잠시 버리고 직감에 따라 행동하라고 충고한다. 내면의 아이가 있는 그대로 표현하고 살아가게 내버려 두라고 말하고 있다.

C. 마지막 카드: 결과 앞으로 펼쳐질 여정에서 당신은 내면의 아이를 포용하고 조화를 이루며 살아가게 될 것이다. 자신의 고향으로 돌아가듯 자신의 감정과 여성성을 되살리게 될 것이다. 이후, 내면의 안정감을 찾게 될 것이다.

3. 실전 상담 전문가 TIP

게자리의 경우 게의 외관처럼 겉으로 보기에는 강해 보이지만 속이 여린 경우가 많아 사소한 말에도 크게 상처를 받을 수 있다. 달 카드의 경우에는 마음과 관련된 해결되지 않은 감정적인 문제로 많이 등장한다.

사인	♋ 게자리	결속력, 감정적, 차분함, 부드러움, 예민함
행성	☽ 달	감성적, 모성애, 공감적, 캘리브레이션 능력

+

원소	물(水)	감성적, 감정적, 마음, 사랑, 연민, 내향적
특질	활동궁(카디널) / −	의지↑ & 행동↓ / 소극적

⬇

4. THE MOTHER (어머니)	여성성, 가족, 아기, 감정, 헌신, 수용, 영적인 과거

5. THE EGO
에고

상징	사인	♌ 사자자리
	행성	☉ 태양
원소		불(火)
특질		고정궁(픽스드) / +
기간		7. 22. ~ 8. 23.
주제어		힘, 욕구, 진귀함, 영광, 비옥함, 창조성, 성생활

♈	♉	♊	♋	♌	♍	♎	♏	♐	♑	♒	♓
火	地	風	水	火	地	風	水	火	地	風	水
활	고	변	활	고	변	활	고	변	활	고	변
+	-	+	-	+	-	+	-	+	-	+	-

카드 이미지 핵심 해설

화려한 복장의 왕이 왕좌에 안정적인 자세로 앉아있다. 왕좌의 뒤에는 황금색 태양이 아주 크게 왕좌를 비추고 있다.

1. 핵심 상징 이해

(1) **사인: 사자자리(♌)** 1 주인 의식을 기반으로 탁월한 리더십을 소유하고 있다. 2 자기 주도적인 성향을 가지고 있다. 3 강한 카리스마를 소유하고 있다. 4 주변 환경에 개의치 않고 본인 위주의 행동을 취한다.

(2) **행성: 태양(☉)** 1 강한 리더십을 기반으로 에너지를 발산하고 부여하기를 좋아한다. 2 자신에 대한 정체성이 확고하다. 3 리더의 기질이 강하다. 4 강한 의지력을 소유하고 있으며 솔직하며 관대하다.

2. 실전 상담에서 배열된 카드의 의미

A. 한 장의 카드 혹은 첫 번째 카드: 문제 당신의 마음 깊숙한 곳에는 활력, 기쁨, 비정함이 있다. 즉, 당신은 당신이 지닌 에너지를 활용할 수 없다는 것이다. 당신은 지배적인 태도로 자신의 무기력함과 허약함을 보충하려고 하고 있을지도 모른다. 당신의 인생 문제를 어디서 해결할 수 있을지 스스로에게 질문해야 한다.

B. 카드가 연속으로 배열되는 경우: 문제를 통해 해답을 찾는 방법 이 과정을 통해 자신의 정체성과 자신의 존재에 대해 스스로 표현하는 방법을 배워야 한다. 다른 사람을 상처 주게 될지라도, 있는 그대로의 자신의 모습대로 살아가야 한다. 쉽지 않은 일일 수 있지만, 그저 자신의 삶을 살아가라는 것이다.

C. 마지막 카드: 결과 이 여정을 통해 당신의 삶으로 돌아가게 될 수 있을 것이다. 현재 부족한 힘과 활력은 다시 회복될 것이다. 당신의 영혼과 가슴을 다시 되돌릴 수 있을 것이다.

3. 실전 상담 전문가 TIP

사자자리는 같은 불의 원소이기는 하지만 활동궁인 양자리 『1. THE WARRIOR (전사)』와 달리 고정궁이므로 무게감 있게 책임감을 가지고 행동한다.

사인	♌ 사자자리	리더십, 주인 의식, 주도적, 카리스마
행성	☉ 태양	왕(우두머리), 리더, 명예, 정체성, 의지력

원소	불(火)	열정, 의지, 에너지, 외향적, 활동적
특질	고정궁(픽스드) / +	의지↓ & 행동↑ / 능동적

5. THE EGO (에고)	힘, 욕구, 진귀함, 영광, 비옥함, 창조성, 성생활

6. THE SERVITOR
봉사자

상징	사인	♍ 처녀자리
	행성	☿ 수성
원소		흙(地)
특질		변통궁(뮤터블) / -
기간		8. 23. ~ 9. 23.
주제어		이유, 현실을 수용하기, 합리성, 냉철함, 정신적 균형

♈	♉	♊	♋	♌	♍	♎	♏	♐	♑	♒	♓
火	地	風	水	火	地	風	水	火	地	風	水
활	고	변	활	고	변	활	고	변	활	고	변
+	-	+	-	+	-	+	-	+	-	+	-

카드 이미지 핵심 해설

제단에 풍부한 곡식과 풍요로운 과일을 준비하여 주인공이 제를 지내고 있다. 카드 중앙의 상단 부분에는 헤르메스 지팡이 카듀세우스(Caduceus)가 보인다.

1. 핵심 상징 이해

(1) **사인: 처녀자리(♍)** 1 실용성을 추구하며 현실적이고 합리적이다. 2 항상 점검하고 분석한다. 3 체계적이고 비판적이다. 4 내부의 마음을 겉으로 잘 표현하지 않는 폐쇄적 성향이다.

(2) **행성: 수성(☿)** 1 언어, 기호를 이해하는 능력 또는 학업적인 부분과 연관된다. 2 이동(단거리 이동)과 연관된다. 3 사고, 지식, 정보 분야와 관련 있다. 4 양쪽을 이어주는 중개에 능숙하다.

2. 실전 상담에서 배열된 카드의 의미

A. 한 장의 카드 혹은 첫 번째 카드: 문제 이 카드에서는 당신이 현재 자신의 위치를 받아들이는 것을 거부하고 있다고 말한다. 다른 사람들을 비난하면서 자신의 바른 이미지를 유지하는 것을 통해 좋은 이미지를 구축하려 한다. 그러나 결국에는 당신이 비난을 받을 것이다.

B. 카드가 연속으로 배열되는 경우: 문제를 통해 해답을 찾는 방법 지금 당장은 아무 소용 없다. 어쩔 수 없이 해야 하는 일이며 스스로 받아들여야 한다. 눈을 낮추고 현재 상황에 맞춰 살아가도록 해야 한다.

C. 마지막 카드: 결과 이 과정의 결과는 그리 긍정적이지 않을 수 있다. 그러나 고요하지만 다소 불쾌할 수 있는 질서와 지식을 통해 당신의 영혼은 평정을 되찾고 제자리로 돌아올 수 있을 것이다.

3. 실전 상담 전문가 TIP

수성(☿)이 공기 요소와 연결된 『3. THE MEDIATOR (중재자)』의 가벼운 행동과 다르게 『6. THE SERVITOR (봉사자)』는 수성이 흙과 연결되어 마음이 쉽게 휩쓸리는 가벼움을 제어한다.

사인	♍ 처녀자리	분석력, 논리적, 체계적, 비판적, 현실적
행성	☿ 수성	사고, 지식, 정보, 중개, 이동

+

원소	흙(地)	현실적, 실용적, 물질적, 안정 추구, 내향적
특질	변통궁(뮤터블) / −	의지↓ & 행동↓ / 소극적

⬇

6. THE SERVITOR (봉사자)	이유, 현실을 수용하기, 합리성, 냉철함, 정신적 균형

7. THE PARTNER
파트너

상징	사인	♎ 천칭자리
	행성	♀ 금성
원소		공기(風)
특질		활동궁(카디널) / +
기간		9. 23. ~ 10. 23.
주제어		상대방, 관계, 균형, 심볼론, 거울, 파트너

♈	♉	♊	♋	♌	♍	♎	♏	♐	♑	♒	♓
火	地	風	水	火	地	風	水	火	地	風	水
활	고	변	활	고	변	활	고	변	활	고	변
+	-	+	-	+	-	+	-	+	-	+	-

카드 이미지 핵심 해설

축하를 위한 장소에서 커플로 보이는 한 쌍의 젊은 남녀가 서로 손바닥을 맞대고 눈을 맞추고 있다.

1. 핵심 상징 이해

(1) **사인: 천칭자리(♎)**   1 관계의 균형과 조화를 맞추는 것에 탁월하다.   2 서로 다른 의견을 중재하는 능력이 뛰어나다.   3 획일적인 방법을 지양하고 여러 가지 가능성, 다양한 방법을 추구한다.   4 비폭력, 평화주의자의 성향이 있다.

(2) **행성: 금성(♀)**   1 관능적이고 아름다움을 추구한다.   2 남다른 예술적 취향을 소유하고 있다.   3 즐거움을 추구하며 매력적이다.   4 부드러우며 감성적 성향이 강하다.

2. 실전 상담에서 배열된 카드의 의미

A. 한 장의 카드 혹은 첫 번째 카드: 문제 당신은 상대방의 거울을 보면서 그곳에 비치는 자신의 모습을 아직 인식할 수 없는 상태다. 상대방은 자신의 거울이라는 것을 이해하지 않으려 하고 있다.

B. 카드가 연속으로 배열되는 경우: 문제를 통해 해답을 찾는 방법 이 카드는 다른 사람을 통해서 자기 자신을 이해해야 한다고 말하고 있다. 즉, 상호 교류를 하며 다른 사람에게 화해의 손길을 내미는 것(또는 타인을 이해하는 것)을 의미한다. 당신의 눈을 뜨게 해줄 수 있는 사람을 만나는 것이 중요하다.

C. 마지막 카드: 결과 이 과정에서 당신은 다른 사람을 통해 자기 자신을 발견할 수 있게 되고 내외부에 존재하는 파트너들 간 조화와 균형을 이루게 될 것이다. 이를 통해, 심볼론은 재통합되며 분리된 조각은 하나가 된다.

3. 실전 상담 전문가 TIP

금성(♀)은 여성적 성향이 강한 행성이며, 화성(♂)은 남성적 성향이 강한 행성이다. 하지만, 반드시 남자를 화성의 성향으로, 여자를 금성의 성향으로 매칭시키지는 않는다.

사인	♎ 천칭자리	균형, 조화, 협력, 중재, 평화주의적
행성	♀ 금성	쾌락 추구, 친절함, 관능적, 감성적

+

원소	공기(風)	논리, 사고, 분석, 판단, 지적 호기심, 커뮤니케이션, 외향적
특질	활동궁(카디널) / +	의지↑ & 행동↓ / 능동적

⬇

7. THE PARTNER (파트너)	상대방, 관계, 균형, 심볼론, 거울, 파트너

8. THE SEDUCER
유혹자

상징	사인	♏ 전갈자리
	행성	♇ 명왕성
원소		물(水)
특질		고정궁(픽스드) / −
기간		10. 23. ~ 11. 22.
주제어		악마, 상상력, 생각, 자살, 의무, 집착, 광신, 지하 세계

♈	♉	♊	♋	♌	♍	♎	♏	♐	♑	♒	♓
火	地	風	水	火	地	風	水	火	地	風	水
활	고	변	활	고	변	활	고	변	활	고	변
+	−	+	−	+	−	+	−	+	−	+	−

카드 이미지 핵심 해설

악마 또는 쇼맨과 같은 복장을 한 주인공이 지하에서 올라오는 불꽃을 등지고 오른손에 검은 꽃을 들고 무엇인가 보여주는 행동을 취하고 있다.

1. 핵심 상징 이해

(1) **사인: 전갈자리(♏)** 1 신비롭고 비밀스러운 모습으로 비추어진다. 2 대중의 시선에 신경을 쓰며 주변에 대해 민감하다. 3 보이지 않는 대상에 대해 파악하고 이해하는 힘이 발달해있다. 4 주위의 시선을 사로잡는 마력을 소유하고 있다.

(2) **행성: 명왕성(♇)** 1 치밀하고 비밀스러운 일 처리 능력이 있다. 2 기존의 흐름을 따르기보다 스스로 흐름을 만들고자 하는 경향이 있다. 3 행동이나 사고에 있어 변화의 폭이 커서 예측하기가 어렵다. 4 보이지 않는 부분을 꿰뚫어 보는 통찰력이 있다.

2. 실전 상담에서 배열된 카드의 의미

A. 한 장의 카드 혹은 첫 번째 카드: 문제 당신은 당신의 생각에 사로잡혀 있다. 더 나은 것을 얻기 위해 자신의 영혼을 팔려 하고 있다. 당신은 암흑세계의 힘에 지배를 받고 있다. 당신은 악마와 거래를 하고 있다. 현재 당신이 어떤 생각에 사로잡혀 있는지 생각해 볼 필요가 있다. 당신이 해야 할 일 그 이상 그 이하도 해서는 안 된다.

B. 카드가 연속으로 배열되는 경우: 문제를 통해 해답을 찾는 방법 문제 해결을 위해 당신은 암흑세계를 지나쳐야 하지만 암흑세계의 터널 끝에서 빛을 찾아야 한다. 더는 어떠한 것도 할 수 없으며 더 나은 선택도 없다(단순히 당신이 좋아한다고 해서 어떠한 선택을 하려고 하지 마라). 베르길리우스가 말했듯이, "세심하게 보고 선택해야 한다."

C. 마지막 카드: 결과 변형이 일어날 것이다. 모세가 황금 송아지를 불 속에 던진 것과 같이 낡은 이미지는 산산조각이 날 것이다. 아침 햇살 속 옅은 안개처럼 낡은 이미지들은 사라질 것이다(이미지들은 존재하지 않았던 환영이었기 때문이다!).

3. 실전 상담 전문가 TIP

명왕성은 태양으로부터 가장 먼 거리에 있는 행성이다. 따라서, 명왕성에 이르기 전인 해왕성까지의 모든 것들에 영향력을 미칠 수 있는 행성이다. 또한, 멀리 떨어져 있어 형체를 정확히 파악하기 어렵다.

사인	♏ 전갈자리	통찰력, 신비스러움, 민감함, 시선을 사로잡는 마력
행성	♇ 명왕성	영향력, 치밀함, 비밀스러움, 자신만의 질서

+

원소	물(水)	감성적, 감정적, 마음, 사랑, 연민, 내향적
특질	고정궁(픽스드) / -	의지↓ & 행동↑ / 소극적

⬇

8. THE SEDUCER (유혹자)	악마, 상상력, 생각, 자살, 의무, 집착, 광신, 지하 세계

9. THE PREACHER
설교자

상징	사인	♐ 사수자리
	행성	♃ 목성
원소		불(火)
특질		변통궁(뮤터블) / +
기간		11. 22. ~ 12. 21.
주제어		성직자, 선교사, 내면의 치료사, 믿음, 통찰력, 철학적 세계관

♈	♉	♊	♋	♌	♍	♎	♏	♐	♑	♒	♓
火	地	風	水	火	地	風	水	火	地	風	水
활	고	변	활	고	변	활	고	변	활	고	변
+	-	+	-	+	-	+	-	+	-	+	-

카드 이미지 핵심 해설

교회나 성당으로 보이는 종교와 관련된 장소에서 목사, 신부 등 해당 종교 지도자로 보이는 주인공이 설교를 통해 종교적 가르침을 전파하고 있는 모습이다.

1. 핵심 상징 이해

(1) **사인: 사수자리(♐)** 1 현실적인 것보다 이상적인 것에 관심이 크다. 2 학문에 대한 열의, 열정이 대단하다. 3 종교와 관련된 신앙, 철학과 관련된 신념과 관련된다. 4 항상 긍정적이고 자기표현에 있어서 진솔하다.

(2) **행성: 목성(♃)** 1 명예, 성공을 의미하는 대길성이다. 2 평화로움과 풍요로움을 의미한다. 3 행운을 상징하지만 낙관주의에 빠질 수 있다. 4 법과 정의에 입각하여 균형을 맞추기 위해 노력하는 성향이다.

2. 실전 상담에서 배열된 카드의 의미

A. 한 장의 카드 혹은 첫 번째 카드: 문제 당신의 연민과 영적인 과거에 대한 기억은 어디에 있는가? 자신의 영혼은 메말라 가고 있으면서 자신의 생각과 지식을 다른 사람에게 강요하고 있다.

B. 카드가 연속으로 배열되는 경우: 문제를 통해 해답을 찾는 방법 이 카드에서 말하는 것을 명심하라! 내면을 치료하는 치료사(거울 같은 역할을 하며 당신을 비추고 있을 것이다)를 찾아야 한다. 특히, 지나온 길을 되돌아봐야 한다. 과거를 돌아보면 해답을 찾을 수 있을 것이다.

C. 마지막 카드: 결과 당신은 편견 없고 관대한 사람으로 계속해서 성장해 나갈 것이다. 당신의 여정 끝에는 기억의 여신인 므네모시네가 당신을 위한 선물을 들고 기다리고 있을 것이다. 통찰력은 당신의 영혼을 풍요롭게 하는 것이다.

3. 실전 상담 전문가 TIP

심볼론 공부를 할 때, 특히 행성과 별자리 간의 비교가 병행되어야 한다. 예를 들어 수성(☿)이 가까운 곳과 연계되는 행성이라 신속성, 단기성과 연계가 된다면 목성(♃)은 12년을 공전 주기로 갖는 어느 정도 떨어진 곳과 연계되는 행성이라 중·장기성과 연계된다.

사인	♐ 사수자리	이상적, 종교적, 관념적, 낙천적, 지적 추구
행성	♃ 목성	성공, 명예, 균형, 평화, 풍요, 낙관

+

원소	불(火)	열정, 의지, 에너지, 외향적, 활동적
특질	변통궁(뮤터블) / +	의지↓ & 행동↓ / 능동적

⬇

9. THE PREACHER (설교자)	성직자, 선교사, 내면의 치료사, 믿음, 통찰력, 철학적 세계관

10. THE MASTER
마스터

상징	사인	ㄷ 염소자리
	행성	♄ 토성
원소		흙(地)
특질		활동궁(카디널) / -
기간		12. 21. ~ 1. 20.
주제어		합리성, 책임, 운명, 노인, 죽음, 무자비한 주인

♈	♉	♊	♋	♌	♍	♎	♏	♐	ㄷ	♒	♓
火	地	風	水	火	地	風	水	火	地	風	水
활	고	변	활	고	변	활	고	변	활	고	변
+	-	+	-	+	-	+	-	+	-	+	-

카드 이미지 핵심 해설

갈색 외투를 입은 주인공이 책을 보며 왼손으로 왕관을 가리키고 있다. 주위에는 험난한 지형과 해골, 모래시계가 보인다.

1. 핵심 상징 이해

⑴ 사인: 염소자리(ㄷ) 1 외부에 자신의 내면적인 모습을 잘 보이지 않는다. 2 인내, 끈기를 통해 역경을 이겨낼 수 있는 강인한 생명력을 가지고 있다. 3 침체되고 주변과 분리된 고독한 상황이다. 4 빠른 일의 진행이 어렵고 추진에 상당한 지연이 된다.

⑵ 행성: 토성(♄) 1 전체적인 의미가 상당히 좋지 않은 ⁽ᴴ⁾흉성이다. 2 공전궤도가 30년이나 걸리는 행성으로 상황에 지속적인 영향을 미친다. 3 강한 책임감을 보유하고 있다. 4 칩거, 은둔, 고독, 독신 등의 용어와 어울리는 소극적인 성향을 보이기도 한다.

2. 실전 상담에서 배열된 카드의 의미

A. 한 장의 카드 혹은 첫 번째 카드: 문제 당신은 그 어떤 사람도 당신의 영혼에 접근할 수 없고 당신과 대화를 나눌 수 없는 자신만의 껍질 속으로 숨는다. 이는, 높은 산에 위치한 고독의 요새에 은둔하는 것과 같다. 고독의 요새는 당신의 일부이다. 고독의 요새가 어떤 이유로 지어졌는지 자세히 관찰해볼 필요가 있다.

B. 카드가 연속으로 배열되는 경우: 문제를 통해 해답을 찾는 방법 삶의 무게를 생각해봄으로써 문제를 해결해 나갈 수 있다. 과정이 끝나고 당신은 이제 당신의 문제를 진실된 눈으로 바라보아야 한다. 이러한 과정은 모두 성인이 되어가는 과정이다.

C. 마지막 카드: 결과 이 과정의 결과로 당신이 거스를 수 없는 당신의 운명과 누구도 건드릴 수 없는 힘에 대해 깨닫게 될 것이다. 이제 당신은 자기 자신에 대한 책임을 다하게 될 것이다. 즉, 자신이 수긍한 일에 대해서 책임을 가지고 살아가게 된다.

3. 실전 상담 전문가 TIP

토성(♄)은 흉성 중 대흉성에 해당한다. 대흉성은 상당히 좋지 않은 영향력을 미친다는 것을 의미하며, 그 영향력 또한 오래간다는 것을 의미한다. 앞의 『1. THE WARRIOR (전사)』에서 설명했듯이, 행성 중 소흉성은 화성(♂)이다.

사인	♑ 염소자리	인내, 끈기, 절제, 고독, 지연, 폐쇄적
행성	♄ 토성	칩거, 은둔, 고독, 한계, 책임감

원소	흙(地)	현실적, 실용적, 물질적, 안정 추구, 내향적
특질	활동궁(카디널) / −	의지↑ & 행동↓ / 소극적

10. THE MASTER (마스터)	합리성, 책임, 운명, 노인, 죽음, 무자비한 주인

11. THE JESTER
광대

상징	사인	♒ 물병자리
	행성	♅ 천왕성
원소		공기(風)
특질		고정궁(픽스드) / +
기간		1. 20. ~ 2. 19.
주제어		전달자, 자유, 외부인, 진정한 영웅, 황야의 이리

♈	♉	♊	♋	♌	♍	♎	♏	♐	♑	♒	♓
火	地	風	水	火	地	風	水	火	地	風	水
활	고	변	활	고	변	활	고	변	활	고	변
+	-	+	-	+	-	+	-	+	-	+	-

카드 이미지 핵심 해설

두 갈래의 모자(머리)에, 서로 다른 색깔의 장화를 신고 독특한 복장을 한 주인공이 왕의 인형을 봇짐에 거꾸로 매달고 자신이 추구하는 길을 걸어가고 있다. 저 멀리에는 번개가 치고 있다.

1. 핵심 상징 이해

⑴ **사인: 물병자리(♒)** 1 평범하기를 거부하며 독창적이고 새로움을 추구한다. 2 본인이 추구하는 바가 전체적인 무질서를 초래한다. 3 자유를 갈망하고 부주의, 불안정하다. 4 현 상황에 대한 혁신, 혁명을 의미한다.

⑵ **행성: 천왕성(♅)** 1 평범하지 않은 독특한 사고를 발휘한다. 2 기존 체계에 대해 새로움을 추구한다. 3 자유로운 지혜를 통한 발명을 추구하는 행성이다. 4 당돌하고 거만하기도 하며 돌발적인 행동을 하기도 한다.

2. 실전 상담에서 배열된 카드의 의미

A. 한 장의 카드 혹은 첫 번째 카드: 문제 당신은 "자유"의 본래의 뜻을 망각했다. 당신은 당신이 현재 놓인 상황이라는 감옥에서 탈출해야 한다고 생각하고 있다. 그러나 이내 당신은 외부세상이라는 창살 앞에서 당신이 가진 생각(감옥에서 탈출해야 한다는)이 의미 없다는 것을 깨닫는다. 당신은 광대가 주는 메시지의 진정한 의미를 이해하지 못하고 있다. 광대의 메시지는 다음과 같다. "인간은 기회가 주어질 때마다 그 기회에 충실히 임해야 하며 모든 영적인 여정에 성실히 임해야 한다. 이를 통해, 인간은 매 순간 성장할 수 있다."

B. 카드가 연속으로 배열되는 경우: 문제를 통해 해답을 찾는 방법 자신이 현재 겪고 있는 문제를 뛰어넘어 영적인 공간을 찾아야 한다. 당장은 이해가 되지 않겠지만 현재 겪고 있는 문제에서 벗어나는 것이 자유를 향한 길이다. 당신의 광대와 조우하고 자신을 위해 웃는 법을 배워야 한다.

C. 마지막 카드: 결과 당신은 여러 상황으로 인해 꼼짝할 수 없었다. 그러나 당신이 성장하는 동안 당신도 모르게 자유를 위한 날개를 얻는다. 이제 비상해야 할 시간이다!

3. 실전 상담 전문가 TIP

물병자리와 연관된 그리스 신화의 인물은 가니메데 왕자이다. 별자리와 연관된 그리스 신화를 편안히 한 번 정도 읽어보면 심볼론 카드를 이해하는 데 도움을 받을 수 있다.

사인	♒ 물병자리	독창적, 무질서, 부주의, 혁명, 독립, 자유 추구
행성	♅ 천왕성	독특함, 새로움 추구, 돌발적, 기발함

원소	공기(風)	논리, 사고, 분석, 판단, 지적 호기심, 커뮤니케이션, 외향적
특질	고정궁(픽스드) / +	의지↓ & 행동↑ / 능동적

11. THE JESTER (광대)	전달자, 자유, 외부인, 진정한 영웅, 황야의 이리

12. THE ANGEL
천사

상징	사인	♓ 물고기자리
	행성	♆ 해왕성
원소		물(水)
특질		변통궁(뮤터블) / -
기간		2. 19. ~ 3. 20.
주제어		진실, 성스러운 휘광, 지혜, 직감, 환상

♈	♉	♊	♋	♌	♍	♎	♏	♐	♑	♒	♓
火	地	風	水	火	地	風	水	火	地	風	水
활	고	변	활	고	변	활	고	변	활	고	변
+	-	+	-	+	-	+	-	+	-	+	-

카드 이미지 핵심 해설

희망적인 무지개가 펼쳐진 배경에서 천사로 보이는 주인공이 물줄기를 쏟아내고 있다. 평화롭고 평온한 배경이다.

1. 핵심 상징 이해

(1) **사인: 물고기자리(♓)** 1 다른 대상들과 자신이 서로 통한다고 생각하는 경우가 많다. 2 공감 능력이 뛰어나다. 3 현실과 비현실을 오가며 감정 기복이 클 수 있다. 4 차분하며 표현을 즉각적으로 하지 않는다.

(2) **행성: 해왕성(♆)** 1 예술적 능력이 뛰어나며 신비로운 몽상을 즐겨한다. 2 넓은 포용력을 보유하고 있지만, 감정적 예민함도 포함하고 있다. 3 기존의 상황을 변경시킬 수 있는 큰 영향력을 끼친다. 4 초월적인 신비스러움을 추구한다.

2. 실전 상담에서 배열된 카드의 의미

A. 한 장의 카드 혹은 첫 번째 카드: 문제 당신은 길을 잃은 상태다. 환상이라는 구름에 가려 진실을 제대로 보지 못하고 있다. 자기 자신을 스스로 숨기고 기만에 빠뜨린다. 당신은 문제를 억누르고 회피하려고만 하며 현실을 마주하지 않으려 한다. 당신은 현재 문제를 해결할 수 없고 문제를 해결하기 위해서는 갈 길이 멀다.

B. 카드가 연속으로 배열되는 경우: 문제를 통해 해답을 찾는 방법 당신은 "해방"이라는 단어를 그대로 받아들여야 한다. 외부세상으로부터 당신을 해방시켜야 하며 이러한 문제에 대해 진지하게 생각해 보고 당신의 내면을 좀 더 깊이 살펴볼 필요가 있다. 당신의 문제는 외부세상과는 아무런 관련이 없기 때문에 당신 내면을 더 자세히 들여다볼 필요가 있다.

C. 마지막 카드: 결과 당신은 이 여행의 끝을 인지하지 못할 수 있다. 여정의 끝은 외부세상에서 보이지 않는 것이기 때문이다. 그러나 배움을 통해 얻은 진실의 별은 당신의 영혼 안에서 반짝이고 있을 것이다.

3. 실전 상담 전문가 TIP

별자리의 이미지를 잘 살펴보면 별자리의 큰 의미를 파악할 수 있다. 물고기자리 (♓)는 두 마리의 물고기가 서로 다른 방향으로 헤엄쳐 나가는 형상이다. 따라서, 상반된 인격을 의미하기도 한다.

사인	♓ 물고기자리	공감 능력, 감정이입, 차분함, 연민
행성	♆ 해왕성	몽상, 신비, 포용력, 예민함, 초월적

+

원소	물(水)	감성적, 감정적, 마음, 사랑, 연민, 내향적
특질	변통궁(뮤터블) / −	의지↓ & 행동↓ / 소극적

⬇

12. THE ANGEL (천사)	진실, 성스러운 휘광, 지혜, 직감, 환상

13. DEFIANCE
반항

4. 어머니		1. 전사
♋ 게자리		♈ 양자리
☽ 달		♂ 화성
물(水)		불(火)
활동궁(카디널) / −		활동궁(카디널) / +
6. 21. ~ 7. 22.		3. 20. ~ 4. 20.
여성성, 가족, 아기, 감정, 헌신, 수용, 영적인 과거		공격성, 성취할 수 있는 능력, 정복, 선동자, 정력, 새 출발을 위한 에너지

파괴적인 아이, 격노,
가출한 아이, 야단법석, 분노,
어머니에 대한 증오심,
여성성에 대한 거부반응

1. 실전 상담에서 배열된 카드의 의미

A. 한 장의 카드 혹은 첫 번째 카드: 문제 내면의 아이가 짜증을 부릴 때마다 당신은 복통을 느낀다. 내면의 아이는 당신 내면의 깊은 곳에 존재하는 영혼을 향해 화를 내며 주먹을 던지기도 하고 나가라고 소리 지르기도 한다. 온 세상이 "악"으로 둘러싸여 있고 당신을 상대로 음모를 꾸미기도 한다. 당신은 여전히 아이 같고 성인이 되려면 아직 멀었다는 것을 인정해야 한다.

B. 카드가 연속으로 배열되는 경우: 문제를 통해 해답을 찾는 방법 분노의 세월을 끝내려면 당신은 먼저 고단한 노동을 해야 한다. 당신이 해야 할 고단한 노동이란, 자신의 내면 깊은 곳에 존재하는 것을 세상 밖으로 분출해야 한다. 억눌린 분노가 표출되지 못하면 당신의 에너지는 원활하게 다시 흐를 수 없다. 타인에게 상처를 주지 않고 자유롭게 자신의 분노를 표현할 수 있는 (치료적인) 방법을 찾아야 한다.

C. 마지막 카드: 결과 반항, 분노, 짜증과 같은 감정들과 어린 시절을 겪고 나면 "작은 폭군"과 함께 평화로운 삶을 보낼 수 있게 된다. 언젠가 당신이 그 아이를 안아줄 날이 오게 될 것이다.

2. 실전 상담 전문가 TIP

사인	♋ 게자리	결속력, 감정적, 차분함, 부드러움, 예민함
행성	☽ 달	감성적, 모성애, 공감적, 캘리브레이션 능력

사인	♈ 양자리	적극적, 본능적, 자기중심적, 심사숙고 부족
행성	♂ 화성	과격, 난폭, 공격적, 역동적, 충동적

13. DEFIANCE(반항)	파괴적인 아이, 격노, 가출한 아이, 야단법석, 분노, 어머니에 대한 증오심, 여성성에 대한 거부반응

14. THE TWO
FACES OF EVE
이브의 두 얼굴

역할 갈등, 복잡한 감정,
하나의 육체에 두 개의 영혼이 있음,
배우자와 연인

4. 어머니	2. 연인
♋ 게자리	♉ 황소자리
☽ 달	♀ 금성
물(水)	흙(地)
활동궁(카디널) / −	고정궁(픽스드) / −
6. 21. ~ 7. 22.	4. 20. ~ 5. 21.
여성성, 가족, 아기, 감정, 헌신, 수용, 영적인 과거	가치, 매력, 소유, 사교성, 육체적 매력

1. 실전 상담에서 배열된 카드의 의미

A. 한 장의 카드 혹은 첫 번째 카드: 문제 **당신은 어려운 결정을 내려야 할 상황에 놓여 있고 결정을 내릴 수 없는 상태이다. 어떤 선택을 내리든 막대한 희생이 따를 것이기 때문이다. 당신이 여전히 망설이고 있다는 것이 주된 문제이다. 당신의 가슴속에 두 개의 영혼이 존재한다. 당신은 어머니가 되고 싶은가? 연인이 되고 싶은가?** (남성의 경우, 어머니가 계신가? 연인을 만나고 있는가?) **결정을 내리는 것만이 문제를 해결하는 방법이다. 카드는 당신이 지금 망설이고 있을 뿐이라고 말하고 있다.**

B. 카드가 연속으로 배열되는 경우: 문제를 통해 해답을 찾는 방법 **이 과정을 통해 당신 안에 충돌하고 있는 2가지 존재를 발견해야 한다. 그들은 서로 "나를 택해!"라고 외치고 있다. 본질적으로, 당신이 어떠한 역할도 할 수 없다는 것이다**

C. 마지막 카드: 결과 **결국, 당신은 당신의 양면성을 받아들이고 당신의 영혼 안에 두 존재가 공존할 수 있는 공간을 마련하게 될 것이다. 자신들만의 시간과 공간을 가지고 있는 각각의 존재들은 서로 간 양립할 수 없더라도 당신과는 가깝게 지낼 것이다. 당신은 두 존재 간의 거리를 받아들이게 된다.**

2. 실전 상담 전문가 TIP

사인	♋ 게자리	결속력, 감정적, 차분함, 부드러움, 예민함
행성	☽ 달	감성적, 모성애, 공감적, 캘리브레이션 능력

사인	♉ 황소자리	실용적, 현실적, 탐욕스러움, 평화적
행성	♀ 금성	쾌락 추구, 친절함, 관능적, 감성적

14. THE TWO FACES OF EVE (이브의 두 얼굴)	역할 갈등, 복잡한 감정, 하나의 육체에 두 개의 영혼이 있음, 배우자와 연인

15. ARTICULATION
의사 표현

4. 어머니		3. 중재자
♋ 게자리		♊ 쌍둥이자리
☽ 달		☿ 수성
물(水)	느낌에 대한 토론,	공기(風)
활동궁(카디널) / -	정신요법(정신 분석),	변통궁(뮤터블) / +
6. 21. ~ 7. 22.	감정의 교류,	5. 21. ~ 6. 21.
	마음과 복부의 연결	
여성성, 가족, 아기, 감정, 헌신, 수용, 영적인 과거		신의 메시지를 전달하는 메신저, 지성, 계약, 구경꾼, 편안함

1. 실전 상담에서 배열된 카드의 의미

A. 한 장의 카드 혹은 첫 번째 카드: 문제 당신은 자신의 감정을 무시하고 드러내지 않는다. 당신은 자신의 감정을 인식하고 표현하는 것을 피하려고 한다. 그러나 당신은 오랫동안 어떤 감정들을 표현해야 하는지 인지하고 있다. 감정을 표현하지 않으면 당신의 마음이 힘들어질 것이고 병에 걸릴 수도 있다.

B. 카드가 연속으로 배열되는 경우: 문제를 통해 해답을 찾는 방법 인생의 사건들과 당신의 감정들을 표현해야 할 때가 왔다. 이러한 것들을 표현하지 않으면 발전하지 못하고 뒷걸음만 치게 될 뿐이다. 당신과 대화를 나눌 수 있는 친구나 (당신의 이야기를 들을 준비가 된 사람이 없다면) 심리학자를 찾아야 한다.

C. 마지막 카드: 결과 이성과 본능은 서로 교류한다. 당신의 감정들에 압박당해서도 안 되고 당신의 감정들에 대해 묵인해서도 안 된다. 감정들이 차오를 때마다 그저 표현하게 되고 과장하지 않는다. 과장할 만큼은 중요하지 않기 때문이다.

2. 실전 상담 전문가 TIP

사인	♋ 게자리	결속력, 감정적, 차분함, 부드러움, 예민함
행성	☽ 달	감성적, 모성애, 공감적, 캘리브레이션 능력

사인	♊ 쌍둥이자리	호기심, 커뮤니케이션, 합리적, 지적, 지성적
행성	☿ 수성	사고, 지식, 정보, 중개, 이동

15. ARTICULATION (의사 표현)	느낌에 대한 토론, 정신요법(정신 분석), 감정의 교류, 마음과 복부의 연결

16. INCOMPATIBILITY
양립 불가

4. 어머니

♋ 게자리

☽ 달

물(水)

활동궁(카디널) / −

6. 21. ~ 7. 22.

여성성, 가족, 아기, 감정,
헌신, 수용, 영적인 과거

낙원 추방, 두 명,
결혼, 밤과 낮,
음양

5. 에고

♌ 사자자리

☉ 태양

불(火)

고정궁(픽스드) / +

7. 22. ~ 8. 23.

힘, 욕구, 진귀함, 영광,
비옥함, 창조성, 성생활

1. 실전 상담에서 배열된 카드의 의미

A. 한 장의 카드 혹은 첫 번째 카드: 문제 **당신은 여성과 남성 간 양립할 수 없다는 것을 이해해야 한다. 이 점이 당신의 주된 문제다.** 남성은 자신 안에 내재한 여성성을 이해하지 못하고 여성은 자신의 내재한 남성성을 이해하지 못한다. 변화하려면 다른 사람들의 관점을 통해 문제를 바라볼 필요가 있다.

B. 카드가 연속으로 배열되는 경우: 문제를 통해 해답을 찾는 방법 **당신은 자신에 대해 이미 알고 있던 부분보다 간과했던 부분에 더 집중해야 한다**(어떤 부분을 말하는지 본인이 가장 잘 알고 있을 것이다). **자신의 남성성과 여성성을 받아들여야 한다.**

C. 마지막 카드: 결과 **이 과정을 통해 당신은 남성성과 여성성이 모두 중요하다는 것을 깨닫게 될 것이다.** 남성성과 여성성 중 어느 하나만으로 부조화를 해결할 수 없지만, 당신은 남성성과 여성성이 모두 가치 있다고 느낄 수 있게 될 것이다. 낙원이 어떤 곳인지 짐작하게 되고 서로가 인정하게 되는 순간 (처음과 마지막에) 당신의 심장 박동이 빨라지게 될 것이다.

2. 실전 상담 전문가 TIP

사인	♋ 게자리	결속력, 감정적, 차분함, 부드러움, 예민함
행성	☽ 달	감성적, 모성애, 공감적, 캘리브레이션 능력

+

사인	♌ 사자자리	리더십, 주인 의식, 주도적, 카리스마
행성	☉ 태양	왕(우두머리), 리더, 명예, 정체성, 의지력

⬇

16. INCOMPATIBILITY (양립 불가)	낙원 추방, 두 명, 결혼, 밤과 낮, 음양

17. CARING
보살핌

4. 어머니		6. 봉사자
♋ 게자리		♍ 처녀자리
☽ 달		☿ 수성
물(水)		흙(地)
활동궁(카디널) / –		변통궁(뮤터블) / –
6. 21. ~ 7. 22.		8. 23. ~ 9. 23.

<table>
<tr><td>여성성, 가족, 아기, 감정,
헌신, 수용, 영적인 과거</td><td>연민, 보살핌,
양육, 비통함,
문제아, 보살핌 증후군</td><td>이유, 현실을 수용하기,
합리성, 냉철함,
정신적 균형</td></tr>
</table>

1. 실전 상담에서 배열된 카드의 의미

A. 한 장의 카드 혹은 첫 번째 카드: 문제 당신은 당신이 보살피고 있는 누군가가 있다는 것을 망각하고 있다. 외부세상에서 당신의 보살핌을 기다리고 있는 그 누군가는 관심을 받고 자신의 내면에 존재하는 어린아이일 수 있다. 그 어린아이도 관심과 보살핌을 받고 싶어 한다.

B. 카드가 연속으로 배열되는 경우: 문제를 통해 해답을 찾는 방법 당신 스스로와 자신의 정신 건강을 보살피고 돌봐야 한다. 다른 사람들의 감정에 동요될 필요 없다. 당신의 내면에 존재하는 아이는 울고 있고 항상 관심을 원하고 있다.

C. 마지막 카드: 결과 엄마와 아이의 관계는 당신 안에 내재되어 있다. 당신은 자신을 돌보는 방법을 배웠기 때문이다. 이제 다른 사람들에게 휘둘리는 것에 두려움을 느끼지 않는다.

2. 실전 상담 전문가 TIP

사인	♋ 게자리	결속력, 감정적, 차분함, 부드러움, 예민함
행성	☽ 달	감성적, 모성애, 공감적, 캘리브레이션 능력

사인	♍ 처녀자리	분석력, 논리적, 체계적, 비판적, 현실적
행성	☿ 수성	사고, 지식, 정보, 중개, 이동

17. CARING (보살핌)	연민, 보살핌, 양육, 비통함, 문제아, 보살핌 증후군

18. THE FAMILIY
가족

4. 어머니

♋ 게자리

☽ 달

물(水)

활동궁(카디널) / −

6. 21. ~ 7. 22.

여성성, 가족, 아기, 감정,
헌신, 수용, 영적인 과거

제3의 힘, 영적 교감,
우리, 관계에 대한 고백,
혼합, 결합

---

7. 파트너

♎ 천칭자리

우 금성

공기(風)

활동궁(카디널) / +

9. 23. ~ 10. 23.

상대방, 관계, 균형,
심볼론, 거울, 파트너

1. 실전 상담에서 배열된 카드의 의미

A. 한 장의 카드 혹은 첫 번째 카드: 문제 당신은 제3의 힘(공동 엔티티)을 창조하는 데 기여하였지만 관여하고 싶지 않은 상태다. 정신적으로 받아들이는 것을 거부하고 제3의 힘(공동 엔티티)을 당신의 손에서 놓으려 하고 있다.

B. 카드가 연속으로 배열되는 경우: 문제를 통해 해답을 찾는 방법 고백을 통해 문제를 해결할 수 있다. 그러나 고백은 정신적으로 무언가를 받아들이는 것이며 과거의 일을 떠나보내는 것을 의미한다. 제3의 힘(공동 엔티티)이 창조되는 것만으로 문제이기 때문에 더더욱 골칫거리이다.

C. 마지막 카드: 결과 제3의 힘(공동 엔티티)이 부상할 것이다. 제3의 힘(공동 엔티티)은 개인으로 이루어진 집단에 비해 더욱 강력한 것으로 당신이 소유하는 것이 아닌, 두 명의 성인이 모여 정신적 에너지를 함양하고 성장해 나가는 삶 그 자체이다.

2. 실전 상담 전문가 TIP

사인	♋ 게자리	결속력, 감정적, 차분함, 부드러움, 예민함
행성	☽ 달	감성적, 모성애, 공감적, 캘리브레이션 능력

사인	♎ 천칭자리	균형, 조화, 협력, 중재, 평화주의적
행성	♀ 금성	쾌락 추구, 친절함, 관능적, 감성적

18. THE FAMILIY (가족)	제3의 힘, 영적 교감, 우리, 관계에 대한 고백, 혼합, 결합

19. ABORTION
낙태

4. 어머니

♋ 게자리

☽ 달

물(水)

활동궁(카디널) / −

6. 21. ~ 7. 22.

여성성, 가족, 아기, 감정,
헌신, 수용, 영적인 과거

영혼을 팖, 희생된 여성성,
감정에 대한 상상,
정신적 의존, 우울함,
모성애에 대한 개념

8. 유혹자

♏ 전갈자리

♇ 명왕성

물(水)

고정궁(픽스드) / −

10. 23. ~ 11. 22.

악마, 상상력, 생각,
자살, 의무, 집착,
광신, 지하 세계

1. 실전 상담에서 배열된 카드의 의미

A. 한 장의 카드 혹은 첫 번째 카드: 문제 당신은 지하 세계 신의 수중에 있으며 적에게 당신의 영혼을 팔고 다른 이들에게 위로를 받고 싶어 한다. 당신은 누군가가 당신을 암흑에서 꺼내주기를 바라고 있다. 빛을 향한 당신의 여정은 멀고도 멀다. 당신은 본래의 삶으로 돌아가기 이전에 어둠의 세계 깊숙이 들어가야 한다.

B. 카드가 연속으로 배열되는 경우: 문제를 통해 해답을 찾는 방법 당신은 페르세포네처럼 자신의 감정에 충실한 상태로 지하 세계로 들어가야 한다. 당신은 원래의 감정으로 되돌아가기 이전에, 지하 세계에서 자신에 대해 깊이 성찰해야 할 것이다.

C. 마지막 카드: 결과 당신은 막대한 희생을 치렀다. 자신을 스스로 기만하고 다른 사람의 가면을 쓰고 살았기 때문이다. 그동안 많은 것들이 당신의 영혼을 산산조각 냈다. 당신이 받은 상처는 오래갈 것이지만 대신 더 많은 자유와 독립을 얻게 되었다. 당신은 더는 당신이 이제껏 치렀던 희생에 구애받지 않아도 된다.

2. 실전 상담 전문가 TIP

사인	♋ 게자리	결속력, 감정적, 차분함, 부드러움, 예민함
행성	☽ 달	감성적, 모성애, 공감적, 캘리브레이션 능력

+

사인	♏ 전갈자리	통찰력, 신비스러움, 민감함, 시선을 사로잡는 마력
행성	♇ 명왕성	영향력, 치밀함, 비밀스러움, 자신만의 질서

19. ABORTION (낙태)	영혼을 팖, 희생된 여성성, 감정에 대한 상상, 정신적 의존, 우울함, 모성애에 대한 개념

20. MNEMOSYNE
므네모시네

4. 어머니	기억, 치유, 영혼에 대한 통찰력, 개인적인 진실, 영감	9. 설교자
♋ 게자리		♐ 사수자리
☽ 달		♃ 목성
물(水)		불(火)
활동궁(카디널) / −		변통궁(뮤터블) / +
6. 21. ~ 7. 22.		11. 22. ~ 12. 21.
여성성, 가족, 아기, 감정, 헌신, 수용, 영적인 과거		성직자, 선교사, 내면의 치료사, 믿음, 통찰력, 철학적 세계관

1. 실전 상담에서 배열된 카드의 의미

A. 한 장의 카드 혹은 첫 번째 카드: 문제 당신의 영혼을 따라 흐르는 레테의 강물은 당신의 기억을 남김없이 지운다. 당신은 당신 안에 존재하는 여성 치료사를 거부하고 망각의 고통을 겪고 있다. 당신 주변의 햇빛이 점차 흐려지고 있다. 므네모시네는 당신에게 기억만이 문제를 해결하는 방법이라고 알려준다.

B. 카드가 연속으로 배열되는 경우: 문제를 통해 해답을 찾는 방법 문제 해결을 위해 다양한 치유법이 필요할 것이다. 그렇지만, 대가를 지불해야 하는 치료사를 구할 필요는 없다(물론 도움이 될 수는 있을 것이다).

C. 마지막 카드: 결과 과정이 힘들었을 테지만 이러한 과정을 통해 당신은 중요한 통찰을 얻을 수 있을 것이다. 당신은 결국 과거로 돌아가 기억해내게 될 것이다.

2. 실전 상담 전문가 TIP

사인	♋ 게자리	결속력, 감정적, 차분함, 부드러움, 예민함
행성	☽ 달	감성적, 모성애, 공감적, 캘리브레이션 능력

사인	♐ 사수자리	이상적, 종교적, 관념적, 낙천적, 지적 추구
행성	♃ 목성	성공, 명예, 균형, 평화, 풍요, 낙관

20. MNEMOSYNE (므네모시네)	기억, 치유, 영혼에 대한 통찰력, 개인적인 진실, 영감

21. THE ICE QUEEN
얼음 여왕

4. 어머니

♋ 게자리

☽ 달

물(水)

활동궁(카디널) / −

6. 21. ~ 7. 22.

여성성, 가족, 아기, 감정,
헌신, 수용, 영적인 과거

냉담한 여성성,
고독한 아이,
엄격한 어머니,
죄책감, 우울함

10. 마스터

♑ 염소자리

♄ 토성

흙(地)

활동궁(카디널) / −

12. 21. ~ 1. 20.

합리성, 책임, 운명,
노인, 죽음, 무자비한 주인

1. 실전 상담에서 배열된 카드의 의미

A. 한 장의 카드 혹은 첫 번째 카드: 문제 문제의 근본적인 원인은 감정을 차단하는 내면의 페르소나에 있다. 당신은 고슴도치처럼 몸을 웅크린 채 자신의 감정 주변에 벽(껍질)을 쌓았다. 이로 인해, 당신은 항상 다른 사람에게 거리를 두고 차갑게 대했던 것이다. 문제를 해결하려면 외부세상에 책임을 전가하지 않고 자신의 냉담함을 되돌아봐야 한다.

B. 카드가 연속으로 배열되는 경우: 문제를 통해 해답을 찾는 방법 좀 더 성숙해져야 할 때다. 당신이 흘린 눈물의 의미에 대해서도 생각해 볼 수 있다. 상실과 상처로 인해 눈물이 흐를 때, 당신의 여성성이 드러난다(자기 연민으로 인한 눈물을 말하는 것이 아니다. 연민은 상대적으로 가벼운 감정이기 때문이다).

C. 마지막 카드: 결과 당신은 자신의 냉담함과 무감각함에 대한 책임을 져야 하고 다른 사람에게 책임을 전가하지 않아야 한다. 모든 일은 당신으로부터 기인한 것이다! 이를 통해, 당신의 얼어붙은 마음을 녹일 수 있을 것이다.

2. 실전 상담 전문가 TIP

사인	♋ 게자리	결속력, 감정적, 차분함, 부드러움, 예민함
행성	☽ 달	감성적, 모성애, 공감적, 캘리브레이션 능력

사인	♑ 염소자리	인내, 끈기, 절제, 고독, 지연, 폐쇄적
행성	♄ 토성	칩거, 은둔, 고독, 한계, 책임감

21. THE ICE QUEEN (얼음여왕)	냉담한 여성성, 고독한 아이, 엄격한 어머니, 죄책감, 우울함

22. DELIVERANCE
해방

4. 어머니

♋ 게자리

☽ 달

물(水)

활동궁(카디널) / −

6. 21. ~ 7. 22.

여성성, 가족, 아기, 감정,
헌신, 수용, 영적인 과거

감정적 해방, 유년기를 벗어남,
찾기 힘든 자유, 불안정,
(고국으로부터 벗어난) 망명자

11. 광대

♒ 물병자리

♅ 천왕성

공기(風)

고정궁(픽스드) / +

1. 20. ~ 2. 19.

전달자, 자유, 외부인,
진정한 영웅, 황야의 이리

1. 실전 상담에서 배열된 카드의 의미

A. 한 장의 카드 혹은 첫 번째 카드: 문제   당신은 안정된 삶을 받아들이지 않으려 하는 상태다. 성장이 이미 이루어졌어야 했고 지금이 당신이 부화하기 가장 좋은 시기다. 당신을 감싸고 있는 껍질은 외부세상에 의해 이미 부서졌어야 했다. 당신의 극한 두려움으로 당신 스스로 좁은 경계를 벗어나지 못하고 있었기 때문이다.

B. 카드가 연속으로 배열되는 경우: 문제를 통해 해답을 찾는 방법   당신은 당신의 껍질에 깊은 균열이 생겼다는 것을 이미 알아차렸을 것이다. 이는, 당신이 새로운 것을 눈앞에 두고 있다는 것을 의미한다. 당신의 인생에서 어떤 주제는 아주 오래된 것일 수 있다. 문제를 해결하기 위해, 당신은 껍질에 남은 조각들을 모두 부숴야만 한다. 이후, 당신은 모든 것들을 되돌릴 수 없으므로 이것은 아주 고단한 노동이 될 것이다.

C. 마지막 카드: 결과   당신의 껍질을 부수고 밖으로 나왔으나 밖은 상당히 춥다. 그러나 이러한 과정은 모두 성인이 되어가는 과정이다. 시간이 흐를수록 당신은 힘을 얻을 수 있을 것이고 당신의 날개는 성장하게 될 것이다. 플라톤에 따르면, 이와 같은 과정은 인생에서 가장 중요한 과정이라고 한다.

2. 실전 상담 전문가 TIP

사인	♋ 게자리	결속력, 감정적, 차분함, 부드러움, 예민함
행성	☽ 달	감성적, 모성애, 공감적, 캘리브레이션 능력

사인	♒ 물병자리	독창적, 무질서, 부주의, 혁명, 독립, 자유 추구
행성	♅ 천왕성	독특함, 새로움 추구, 돌발적, 기발함

⬇

22. DELIVERANCE (해방)	감정적 해방, 유년기를 벗어남, 찾기 힘든 자유, 불안정, (고국으로부터 벗어난) 망명자

23. SLEEPING BEAUTY—SLUMBER
잠자는 미녀

꿈, 열망, 탄생 이전,
마법에 걸린 영혼, 직감,
의식 없는 여인, 기다림

4. 어머니		12. 천사
♋ 게자리		♓ 물고기자리
☽ 달		♆ 해왕성
물(水)		물(水)
활동궁(카디널) / –		변통궁(뮤터블) / –
6. 21. ~ 7. 22.		2. 19. ~ 3. 20.
여성성, 가족, 아기, 감정, 헌신, 수용, 영적인 과거		진실, 성스러운 휘광, 지혜, 직감, 환상

1. 실전 상담에서 배열된 카드의 의미

A. 한 장의 카드 혹은 첫 번째 카드: 문제 당신은 집 없이 떠돌아다니며 불안정한 삶을 살아가면서 기대만 하고 있다. 당신의 내면에는 열망이 있지만 이를 해결해 줄 사람은 아무도 없다. 이것은 마치 달콤한 고통과도 같다. 자기 자신을 숨긴 채 스스로를 괴롭히고 있다. 이러한 감정들은 쉽게 변하지 않고 지속될 뿐이다.

B. 카드가 연속으로 배열되는 경우: 문제를 통해 해답을 찾는 방법 당신은 외롭지만, 하늘이 당신의 삶을 위해 이렇게밖에 도와줄 수 없다는 것을 당신도 알고 있다. 당신이 꿈꾸고 있는 것(멋진 비행기를 타는 것)을 떠올리면 당신 내면의 메시지를 더 정확히 느낄 수 있다. 외부세상에서 자신을 찾으려고 한다면 아무것도 찾지 못한다.

C. 마지막 카드: 결과 당신은 눈에 보이는 것들과 더욱 심오하여 눈에 보이지 않는 세계를 모두 발견하게 될 것이고, 그곳에 당신을 안내해 줄 안내인이 있을 것이다. 당신의 안내자는 직감을 활용하여 객관적인 세계의 기적들을 당신에게 보여주면서 당신이 외로움을 잊도록 도와줄 것이다.

2. 실전 상담 전문가 TIP

사인	♋ 게자리	결속력, 감정적, 차분함, 부드러움, 예민함
행성	☽ 달	감성적, 모성애, 공감적, 캘리브레이션 능력

사인	♓ 물고기자리	공감 능력, 감정이입, 차분함, 연민
행성	♆ 해왕성	몽상, 신비, 포용력, 예민함, 초월적

23. SLEEPING BEAUTY-SLUMBER (잠자는 미녀)	꿈, 열망, 탄생 이전, 마법에 걸린 영혼, 직감, 의식 없는 여인, 기다림

24. THE BATTLE
전투

5. 에고	권력 투쟁, 피로스의 승리,	1. 전사
♌ 사자자리	자기 망각, 자살 행위,	♈ 양자리
⊙ 태양	혼자 전투 연습을 함	♂ 화성
불(火)		불(火)
고정궁(픽스드) / +		활동궁(카디널) / +
7. 22. ~ 8. 23.		3. 20. ~ 4. 20.
힘, 욕구, 진귀함, 영광, 비옥함, 창조성, 성생활		공격성, 성취할 수 있는 능력, 정복, 선동자, 정력, 새 출발을 위한 에너지

1. 실전 상담에서 배열된 카드의 의미

A. 한 장의 카드 혹은 첫 번째 카드: 문제 당신은 자신의 공격성에 얽매여 있다. 당신은 외부 세상에 적이 있다고 믿고 절망을 할 때도 있다. 그러나 당신은 당신 자신과 싸우고 있다는 것을 알지 못한 채 승리를 염원하고 있다. 나 자신이 적이기 때문에, 승리하기 위해 격렬하게 노력할수록 당신은 더욱 지치게 될 것이다. 이는, 자기 망각 행위이다.

B. 카드가 연속으로 배열되는 경우: 문제를 통해 해답을 찾는 방법 자기 자신을 위한 영역을 확보하고 자신을 상대로 이기기 위한 노력을 해야 한다. 아무도 당신의 영역을 넘볼 수 없을 것이다. 이것은 필사적인 전투다. 근소한 차이로 이기거나 지더라도 반드시 배울 점이 있다. 작은 용기만 있다면 적에 맞서는 법을 터득할 수 있다.

C. 마지막 카드: 결과 당신이 생각하는 적은 당신의 일부분으로써 내면의 페르소나에 반영된 것임을 알게 될 것이다. 즉, 전쟁 준비를 하지 말라는 것이 아니라 전쟁에 임할지, 임하지 않을 것인지는 당신이 결정해야 할 문제다.

2. 실전 상담 전문가 TIP

사인	♌ 사자자리	리더십, 주인 의식, 주도적, 카리스마
행성	☉ 태양	왕(우두머리), 리더, 명예, 정체성, 의지력

+

사인	♈ 양자리	적극적, 본능적, 자기중심적, 심사숙고 부족
행성	♂ 화성	과격, 난폭, 공격적, 역동적, 충동적

⬇

24. THE BATTLE (전투)	권력 투쟁, 피로스의 승리, 자기 망각, 자살 행위, 혼자 전투 연습을 함

25. THE QUEEN
여왕

5. 에고		2. 연인
♌ 사자자리		♉ 황소자리
☉ 태양		♀ 금성
불(火)		흙(地)
고정궁(픽스드) / +		고정궁(픽스드) / −
7. 22. ~ 8. 23.		4. 20. ~ 5. 21.

여성의 힘과 능력,
장엄함과 화려함,
여왕, 관능과 성적매력

힘, 욕구, 진귀함, 영광,	가치, 매력, 소유,
비옥함, 창조성, 성생활	사교성, 육체적 매력

1. 실전 상담에서 배열된 카드의 의미

A. 한 장의 카드 혹은 첫 번째 카드: 문제 당신은 당신의 자아로부터 멀어져 있다. 당신의 자아와 가까워지기 위해서는 타인의 힘이 필요하다. 당신은 당신을 도와주는 힘과 능력을 지닌 사람과 함께할 준비가 되어있다. 당신의 자존심이 견고하지 않은 상태다.

B. 카드가 연속으로 배열되는 경우: 문제를 통해 해답을 찾는 방법 당신은 자신만의 매력을 활용하여 얻고자 하는 것을 성취할 수 있는 법을 배워야 한다. 당신의 욕망을 만족시키고 원하는 것을 얻기 위해, 자신의 매력을 들여다보고 자신만의 매력의 힘을 찾아야 한다. 자아 게임은 우리 모두가 하는 게임 중 한 가지일 뿐이다.

C. 마지막 카드: 결과 당신은 여성 군주가 아닌 타인에게 의지하는 사람일 뿐이라는 것을 알게 될 것이다. 거짓으로 꾸민 겸손함이나 허영심 없이 당신이 있는 위치에서 최선을 다하게 될 것이다.

2. 실전 상담 전문가 TIP

사인	♌ 사자자리	리더십, 주인 의식, 주도적, 카리스마
행성	☉ 태양	왕(우두머리), 리더, 명예, 정체성, 의지력

사인	♉ 황소자리	실용적, 현실적, 탐욕스러움, 평화적
행성	♀ 금성	쾌락 추구, 친절함, 관능적, 감성적

25. THE QUEEN (여왕)	여성의 힘과 능력, 장엄함과 화려함, 여왕, 관능과 성적매력

26. THE ACTOR
배우

5. 에고	역할, 자기 묘사, 꾸며진 정체성, 연극, 무대, 지성	3. 중재자
♌ 사자자리		♊ 쌍둥이자리
☉ 태양		☿ 수성
불(火)		공기(風)
고정궁(픽스드) / +		변통궁(뮤터블) / +
7. 22. ~ 8. 23.		5. 21. ~ 6. 21.
힘, 욕구, 진귀함, 영광, 비옥함, 창조성, 성생활		신의 메시지를 전달하는 메신저, 지성, 계약, 구경꾼, 편안함

1. 실전 상담에서 배열된 카드의 의미

A. 한 장의 카드 혹은 첫 번째 카드: 문제 당신은 현재 그저 연기를 하고 있을 뿐이란 사실을 알지 못하고 있다. 실제 인물은 그 역할 뒤에 숨겨져 있는 사람이다. 당신의 연기자는 한시적인 것일 뿐이고 잠시 동안 당신이 연기를 하고 있다는 것을 아는 것만으로도 충분하다. 물론, 당신은 자신의 가면을 벗는 것을 두려워하고 있을 것이다. 그러나 당신만이 자신의 가면을 벗길 수 있는 유일한 사람이다.

B. 카드가 연속으로 배열되는 경우: 문제를 통해 해답을 찾는 방법 역할을 수행해라. 무대로 올라가 연기를 해라. 그 역할이 당신의 진정한 모습과는 전혀 다르더라도 두려워하지 마라. 당신이 서 있는 그 무대가 당신의 세계이므로 당신이 할 수 있는 한 최선을 다해 연기하라. 내가 이야기하는 모든 것들이 허상처럼 들릴지라도 괴로워하지 마라. 이것이 당신이 문제를 해결하기 위해 해야 할 일이다. 당신은 당신의 역할이 요구하는 만큼 진지하게 당신에 대해 생각해봐야 한다.

C. 마지막 카드: 결과 당신은 이제 당신의 역할과 당신을 동일시하지 않은 채 연기를 하고 있다. 당신은 더는 그 역할을 진지하게 여기지 않게 되었다. 그것이 게임이라는 것을 알아차렸기 때문이다. 심지어 이제 말도 많이 할 수 있게 되었다. 당신은 이제 이러한 사실을 당신 스스로도 이해를 할 수 있게 되었고 다른 사람에게도 이해시킬 수 있게 되었다. 이제 누가 그 가면을 벗길 수 있을까?

2. 실전 상담 전문가 TIP

사인	♌ 사자자리	리더십, 주인 의식, 주도적, 카리스마
행성	☉ 태양	왕(우두머리), 리더, 명예, 정체성, 의지력

사인	♊ 쌍둥이자리	호기심, 커뮤니케이션, 합리적, 지적, 지성적
행성	☿ 수성	사고, 지식, 정보, 중개, 이동

26. THE ACTOR (배우)	역할, 자기 묘사, 꾸며진 정체성, 연극, 무대, 지성

27. THE AILING KING
병든 왕

5. 에고		6. 봉사자
♌ 사자자리		♍ 처녀자리
☉ 태양		☿ 수성
불(火)		흙(地)
고정궁(픽스드) / +		변통궁(뮤터블) / −
7. 22. ~ 8. 23.		8. 23. ~ 9. 23.

환자, 즐겁지 않은 일상,
소진, 아픔, 자제

| 힘, 욕구, 진귀함, 영광, 비옥함, 창조성, 성생활 | | 이유, 현실을 수용하기, 합리성, 냉철함, 정신적 균형 |

1. 실전 상담에서 배열된 카드의 의미

A. 한 장의 카드 혹은 첫 번째 카드: 문제 당신은 종종 아픈 것처럼 보일 수 있다. 당신의 자아는 아무도 환대해주지 않는다는 느낌을 받아 삶을 거부하고 있다. 당신은 당신의 "장엄한 발"로 현실의 길을 걸을 수 있음에도 불구하고 사람들과 만나는 것을 거부하고 침대에 누워만 있다.

B. 카드가 연속으로 배열되는 경우: 문제를 통해 해답을 찾는 방법 당신의 자아는 매일 삶의 고단함을 느끼고 있다. 당신의 일상은 늘 어둡고 칙칙하며 회복과 적응을 반복해야 하는 상황을 겪고 있다. 따라서 문제 해결을 위한 주요 주제는 "억겁"이다.

C. 마지막 카드: 결과 당신은 "인내심"이라는 어원의 뜻 그대로 오랫동안 인내심을 배웠다. 즉, 긴급한 상황 없이 일상의 사소함과 평범함을 견디며 살아간다.

2. 실전 상담 전문가 TIP

사인	♌ 사자자리	리더십, 주인 의식, 주도적, 카리스마
행성	☉ 태양	왕(우두머리), 리더, 명예, 정체성, 의지력

사인	♍ 처녀자리	분석력, 논리적, 체계적, 비판적, 현실적
행성	☿ 수성	사고, 지식, 정보, 중개, 이동

27. THE AILING KING (병든 왕)	환자, 즐겁지 않은 일상, 소진, 아픔, 자제

28. THE WEDDING
결혼

5. 에고		7. 파트너
♌ 사자자리		♎ 천칭자리
☉ 태양		♀ 금성
불(火)		공기(風)
고정궁(픽스드) / +		활동궁(카디널) / +
7. 22. ~ 8. 23.		9. 23. ~ 10. 23.
힘, 욕구, 진귀함, 영광, 비옥함, 창조성, 성생활	사랑, 연인, 절정, 행복감, 사랑의 행운, (대립되는 것들의) 통합, 관계 의존	상대방, 관계, 균형, 심볼론, 거울, 파트너

1. 실전 상담에서 배열된 카드의 의미

A. 한 장의 카드 혹은 첫 번째 카드: 문제 당신은 다른 사람들을 통해 행복을 느끼는 사람이라는 것을 깨닫고 있다. 당신은 당신을 사랑해 줄 사람이 나타나길 기대하고 있으며 따뜻한 사랑을 누리고 싶다. 당신도 다른 사람에게 사랑을 줄 수 있는 사람인가? 그렇다면 괜찮을 것이다. 사랑은 공평한 것이기 때문이다. 그러나 당신은 이미 (누구에게도 의존하지 않고 있는) 자기 자신에 대한 사랑을 발견했을지도 모른다.

B. 카드가 연속으로 배열되는 경우: 문제를 통해 해답을 찾는 방법 문제를 해결하기 위해서는 당신은 누군가와 함께 이 여정을 떠나야 한다. 당신이 누군가와 함께 있을 때 햇살이 빛나는 것처럼 함께 계획해 나가야 한다는 것이다. 누군가와 함께할 때, 당신의 심장이 뛰게 될 것이라고 말하고 있다.

C. 마지막 카드: 결과 당신은 이미 사랑을 성취하고 있다. 여성스러운 안내자를 통해 당신의 사랑은 이루어질 것이다. 당신은 어느 누군가를 통해 자기 자신에 대한 사랑을 발견하게 될 것이다.

2. 실전 상담 전문가 TIP

사인	♌ 사자자리	리더십, 주인 의식, 주도적, 카리스마
행성	☉ 태양	왕(우두머리), 리더, 명예, 정체성, 의지력

사인	♎ 천칭자리	균형, 조화, 협력, 중재, 평화주의적
행성	♀ 금성	쾌락 추구, 친절함, 관능적, 감성적

28. THE WEDDING (결혼)	사랑, 연인, 절정, 행복감, 사랑의 행운, (대립되는 것들의) 통합, 관계 의존

29. THE MAGICIAN
마법사

5. 에고		8. 유혹자
♌ 사자자리		♏ 전갈자리
☉ 태양		♇ 명왕성
불(火)	생명을 창조하기 위한 노력	물(水)
고정궁(픽스드) / +	(시험관 인생),	고정궁(픽스드) / −
7. 22. ~ 8. 23.	흑마술과 백마술,	10. 23. ~ 11. 22.
	긍정적인 사고,	
힘, 욕구, 진귀함, 영광,	완벽주의, 유전공학	악마, 상상력, 생각,
비옥함, 창조성, 성생활		자살, 의무, 집착,
		광신, 지하 세계

1. 실전 상담에서 배열된 카드의 의미

A. 한 장의 카드 혹은 첫 번째 카드: 문제 당신은 마술에 걸려 있다. 그러나 오해하진 말아야 한다. 희생자라고 느낄 수 있을지 모르겠지만 당신이 과거에 사용했던 마술이 당신에게 되돌아오고 있는 것이다. 당신은 영적인 사슬에 걸려 있고 엄청난 힘과 삶의 에너지를 방출하면서 살아가고 있다.

B. 카드가 연속으로 배열되는 경우: 문제를 통해 해답을 찾는 방법 당신은 시험관 속에 있는 난쟁이처럼 거품 속에 살아가고 있다. 이제껏 많은 에너지를 소비했다고 생각하고 있었지만, 지금이야말로 억눌려 있던 에너지를 방출할 때다. 그것은 단지 헛된 이미지에 불과하다는 것을 명심해라. 진실은 그 어떤 것도 파괴하지 않는다.

C. 마지막 카드: 결과 당신은 창조주가 아닌 피조물에 불과하다는 것을 이해하게 되었다. 당신 주위에 평화가 감돌고 있다는 것을 느낄 수 있을 것이다. 예쁜 그림들, 화려한 장면들과 같은 다른 모든 것들은 비현실적인 허상이다.

2. 실전 상담 전문가 TIP

사인	♌ 사자자리	리더십, 주인 의식, 주도적, 카리스마
행성	☉ 태양	왕(우두머리), 리더, 명예, 정체성, 의지력

사인	♏ 전갈자리	통찰력, 신비스러움, 민감함, 시선을 사로잡는 마력
행성	♇ 명왕성	영향력, 치밀함, 비밀스러움, 자신만의 질서

29. THE MAGICIAN (마법사)	생명을 창조하기 위한 노력(시험관 인생), 흑마술과 백마술, 긍정적인 사고, 완벽주의, 유전공학

30. FORTUNA
행운

5. 에고		9. 설교자
♌ 사자자리		♐ 사수자리
☉ 태양		♃ 목성
불(火)		불(火)
고정궁(픽스드) / +		변통궁(뮤터블) / +
7. 22. ~ 8. 23.		11. 22. ~ 12. 21.

행운, 영적인 깊이,
관용, 별에 다다름,
존경을 추구함, 낙관주의,
내면의 치료사, 진실

힘, 욕구, 진귀함, 영광, 비옥함, 창조성, 성생활		성직자, 선교사, 내면의 치료사, 믿음, 통찰력, 철학적 세계관

1. 실전 상담에서 배열된 카드의 의미

A. 한 장의 카드 혹은 첫 번째 카드: 문제 내면의 진실성 부재로 당신은 현재 괴로워하고 있다. 자신의 통찰력을 더는 믿지 못하고 낙관적인 생각을 버린 채 살아가고 있다. 당신의 자아도 (전지전능한) 내면의 치료사에게 관심을 두지 않고 있다. 종교로 가는 길은 더는 존재하지 않는다. 이로 인해, 과대망상증에 빠질 수 있다.

B. 카드가 연속으로 배열되는 경우: 문제를 통해 해답을 찾는 방법 모든 것이 뜻대로 잘 되고 잘 풀릴 것이다. 당신은 천국의 "수혜자"라는 것을 확신해야 한다. 천국이 바로 당신의 치유자이다.

C. 마지막 카드: 결과 노력은 가치 있는 것이며 풍요로움은 넘쳐흐르고 있다. 당신의 통찰력은 다시 되살아날 것이며 행운을 맞이하게 될 것이다.

2. 실전 상담 전문가 TIP

사인	♌ 사자자리	리더십, 주인 의식, 주도적, 카리스마
행성	☉ 태양	왕(우두머리), 리더, 명예, 정체성, 의지력

사인	♐ 사수자리	이상적, 종교적, 관념적, 낙천적, 지적 추구
행성	♃ 목성	성공, 명예, 균형, 평화, 풍요, 낙관

30. FORTUNA (행운)	행운, 영적인 깊이, 관용, 별에 다다름, 존경을 추구함, 낙관주의, 내면의 치료사, 진실

31. THE BURDEN
짐

5. 에고		10. 마스터
♌ 사자자리		♑ 염소자리
☉ 태양		♄ 토성
불(火)	고생, 양심의 가책,	흙(地)
고정궁(픽스드) / +	운명을 받아들임,	활동궁(카디널) / −
7. 22. ~ 8. 23.	도덕심, 죄책감, 책임	12. 21. ~ 1. 20.
힘, 욕구, 진귀함, 영광, 비옥함, 창조성, 성생활		합리성, 책임, 운명, 노인, 죽음, 무자비한 주인

1. 실전 상담에서 배열된 카드의 의미

A. 한 장의 카드 혹은 첫 번째 카드: 문제 당신의 짐이 당신의 영혼을 짓누르며 양심의 가책을 느끼게 하고 있다. 그 짐을 제거하려면 오랫동안 고통스럽고 지칠 것이라는 것에 대해 당신은 부정하고 있다. 당신 스스로에게 책임이 있다. 스스로 삶을 더 힘들게 만들고 있다. 그러나 당신은 홀로 견뎌내야 한다.

B. 카드가 연속으로 배열되는 경우: 문제를 통해 해답을 찾는 방법 당신이 문제를 해결해야 하는 과정은 몹시 가파르고 힘든 길이기 때문에 헌신과 노력이 필요하다. 그러나 당신만이 그 일을 해낼 수 있다. 여정 동안 몇 차례 실패를 겪을 수도 있지만 고단한 여정에 대비해야 한다.

C. 마지막 카드: 결과 정상에서 세상을 바라보게 되면 명료한 시각을 얻을 수 있을 것이다. 법과 양심은 삶의 척도가 될 것이다. 칸트의 "별이 빛나는 하늘과 양심"이라는 구절이 당신의 행동에 지침이 될 것이다.

2. 실전 상담 전문가 TIP

사인	♌ 사자자리	리더십, 주인 의식, 주도적, 카리스마
행성	☉ 태양	왕(우두머리), 리더, 명예, 정체성, 의지력

+

사인	♑ 염소자리	인내, 끈기, 절제, 고독, 지연, 폐쇄적
행성	♄ 토성	칩거, 은둔, 고독, 한계, 책임감

⇓

31. THE BURDEN (짐)	고생, 양심의 가책, 운명을 받아들임, 도덕심, 죄책감, 책임

32. THE FALL
몰락

5. 에고

♌ 사자자리

☉ 태양

불(火)

고정궁(픽스드) / +

7. 22. ~ 8. 23.

힘, 욕구, 진귀함, 영광,
비옥함, 창조성, 성생활

궁중에서의 반란,
전복, 변화,
자아의 추락,
힘의 상실, 불충

11. 광대

♒ 물병자리

♅ 천왕성

공기(風)

고정궁(픽스드) / +

1. 20. ~ 2. 19.

전달자, 자유, 외부인,
진정한 영웅, 황야의 이리

1. 실전 상담에서 배열된 카드의 의미

A. 한 장의 카드 혹은 첫 번째 카드: 문제 당신은 추락을 겪고 있다. 당신은 이러한 상황을 이해할 수도 없고 감당할 수조차 없다. 이러한 상황이 왜 닥쳤는지 알 수 없다. 다만, 당신은 당신을 배신하고 기만한 사람들을 비난하고 있다. 그러나 당신이 이러한 상황을 겪고 있는 것은 더 나은 상황으로 가기 위한 것이라 생각하고 받아들여야 한다. 물론, 당신이 받아들임으로써 자아는 상처를 입을 수 있다.

B. 카드가 연속으로 배열되는 경우: 문제를 통해 해답을 찾는 방법 당신이 건설했던 왕궁과 왕좌를 버렸던 곳에서 당신의 내면에 존재하는 광대를 찾아야 한다. 당신이 짐을 싸고 짧은 여정을 준비했을 때 그를 만날 수 있을 것이다.

C. 마지막 카드: 결과 결과적으로, 당신은 당신이 엄청난 얼간이라는 것과 이제야 당신의 역할을 제대로 수행할 수 있게 되었다는 것을 알게 되었을 것이다. 이제 당신은 자신이 왕이 아니라, 광대라는 생각을 하고 있을 것이다.

2. 실전 상담 전문가 TIP

사인	♌ 사자자리	리더십, 주인 의식, 주도적, 카리스마
행성	☉ 태양	왕(우두머리), 리더, 명예, 정체성, 의지력

사인	♒ 물병자리	독창적, 무질서, 부주의, 혁명, 독립, 자유 추구
행성	♅ 천왕성	독특함, 새로움 추구, 돌발적, 기발함

32. THE FALL (몰락)	궁중에서의 반란, 전복, 변화, 자아의 추락, 힘의 상실, 불충

33. RETREAT
후퇴

5. 에고

♌ 사자자리

☉ 태양

불(火)

고정궁(픽스드) / +

7. 22. ~ 8. 23.

힘, 욕구, 진귀함, 영광,
비옥함, 창조성, 성생활

자아의 상실,
명상, 해탈,
이목을 끌지 못함,
비현실적, 존재의 위기,
무상의 느낌

12. 천사

♓ 물고기자리

♆ 해왕성

물(水)

변통궁(뮤터블) / −

2. 19. ~ 3. 20.

진실, 성스러운 휘광,
지혜, 직감, 환상

1. 실전 상담에서 배열된 카드의 의미

A. 한 장의 카드 혹은 첫 번째 카드: 문제 더는 할 수 있는 것이 아무것도 없다. 무대에서 떠나야 할 때다. 당신의 세계는 황량하고 우중충해져 가고 있다. 원인을 찾으려고 애쓰지 마라. 그냥 그런 것이다. 당장은 당신이 할 수 있는 일이 아무것도 없다. (모든 의미에서) 이러한 사실을 받아들여야 한다.

B. 카드가 연속으로 배열되는 경우: 문제를 통해 해답을 찾는 방법 당신의 에너지를 낭비하지 마라. 당신은 아무도 없는 세상을 지나가야 한다. 당신은 배의 주요 부위에 서 있는 것이 아니다. 해안가와 멀리 떨어진 곳에 표류해 있다. 따라서 당신은 그저 온전히 물의 흐름에 자신을 맡기면 된다. 방해할 생각은 하지 마라. 당신만 혼란스러워질 뿐이다.

C. 마지막 카드: 결과 이 문제의 결과는 외부 세상이 아닌 당신의 내면에서 찾을 수 있을 것이다. 외부 세상을 향해 눈을 감고 뜨는 것이 무엇을 의미하는지 이제 잘 이해할 수 있을 것이다. 성장을 위해 한 걸음을 내디디면 당신의 자아는 작아지고 당신의 존재는 더욱 커질 것이다.

2. 실전 상담 전문가 TIP

사인	♌ 사자자리	리더십, 주인 의식, 주도적, 카리스마
행성	☉ 태양	왕(우두머리), 리더, 명예, 정체성, 의지력

사인	♓ 물고기자리	공감 능력, 감정이입, 차분함, 연민
행성	♆ 해왕성	몽상, 신비, 포용력, 예민함, 초월적

33. RETREAT (후퇴)	자아의 상실, 명상, 해탈, 이목을 끌지 못함, 비현실적, 존재의 위기, 무상의 느낌

34. EROS
에로스

1. 전사		2. 연인
♈ 양자리		♉ 황소자리
♂ 화성		♀ 금성
불(火)		흙(地)
활동궁(카디널) / +		고정궁(픽스드) / −
3. 20. ~ 4. 20.		4. 20. ~ 5. 21.
공격성, 성취할 수 있는 능력, 정복, 선동자, 정력, 새 출발을 위한 에너지		가치, 매력, 소유, 사교성, 육체적 매력

이성에 대한 끌림,
육체적 관계,
부정, 신체 접촉,
그 여자를 찾아라

1. 실전 상담에서 배열된 카드의 의미

A. 한 장의 카드 혹은 첫 번째 카드: 문제 이 카드는 당신의 성생활에 대해 상기시켜주고 있으며 다음과 같이 말한다. "인간은 영혼만을 가지고 살아갈 수 없다. 육체도 함께해야 한다." 이것은 두 가지 의미를 내포하고 있다. 하나는 당신이 너무 오랫동안 건조하게 살아왔다는 것이고 다른 하나는 당신이 성생활 이외에 다른 것은 아무것도 생각하지 않았다는 것이다(당신만이 진실을 알고 있을 것이다). 그러나 카드는 이 모든 상황에서 "성생활에 더 관심을 가져라"라고 말한다. 큐피드는 당신의 상대를 찾고 있다.

B. 카드가 연속으로 배열되는 경우: 문제를 통해 해답을 찾는 방법 문제를 해결하기 위해 당신의 육감을 다시 일깨워 사랑을 발견하고 이해해야 한다. 사랑은 분리된 조각을 통합할 수 있는 힘을 지니고 있다.

C. 마지막 카드: 결과 성생활의 범위에 대해 과대평가하거나 과소평가하지 않고 이해하게 된다. 어떤 현자가 말한 것처럼 "성생활은 가장 경박한 것"이다.

2. 실전 상담 전문가 TIP

사인	♈ 양자리	적극적, 본능적, 자기중심적, 심사숙고 부족
행성	♂ 화성	과격, 난폭, 공격적, 역동적, 충동적

사인	♉ 황소자리	실용적, 현실적, 탐욕스러움, 평화적
행성	♀ 금성	쾌락 추구, 친절함, 관능적, 감성적

34. EROS (에로스)	이성에 대한 끌림, 육체적 관계, 부정, 신체 접촉, 그 여자를 찾아라

35. THE STOCKS
차꼬

1. 전사		3. 중재자
♈ 양자리		♊ 쌍둥이자리
♂ 화성		☿ 수성
불(火)	소문, 불명예,	공기(風)
활동궁(카디널) / +	말실수, 불평,	변통궁(뮤터블) / +
3. 20. ~ 4. 20.	통곡(울부짖음),	5. 21. ~ 6. 21.
	인신공격, 독설	
공격성, 성취할 수 있는 능력, 정복, 선동자, 정력, 새 출발을 위한 에너지		신의 메시지를 전달하는 메신저, 지성, 계약, 구경꾼, 편안함

1. 실전 상담에서 배열된 카드의 의미

A. 한 장의 카드 혹은 첫 번째 카드: 문제 당신은 끔찍한 거짓말을 퍼뜨리려 하고 있거나 거짓말의 희생양이 되려고 한다. 당신이 희생자건 거짓말을 퍼뜨린 사람이건 두 가지 상황 모두 천박하며 당신은 상황에 대해 이해를 잘 하지 못한 채 거짓과 소문에 영향을 쉽게 받는다. 어떤 상황이든 간에, 당신은 소문을 퍼뜨린 사람이 아니라고 생각할 것이다. 이것이 당신의 큰 착각이고 실수!

B. 카드가 연속으로 배열되는 경우: 문제를 통해 해답을 찾는 방법 당신의 여정은 그 어떠한 수치심도 남기지 않을 것이다. 당신의 행동은 세상에 알려질 것이며 이것은 당신에게 좋은 교훈이 되어야 한다. 그렇지 않으면 당신은 불의의 일을 당하게 될 것이다. 가장 쉬운 방법은 세상에 알리는 것이다. 이것을 우리는 "아웃팅"이라고 한다.

C. 마지막 카드: 결과 당신이 숨기고 있던 문제들은 세상에 밝혀지고 당신은 이제 이것을 받아들이게 될 것이다. 형벌대에 선다는 것은 당신의 나쁜 특성과 공격성을 인정하고 받아들인다는 것이다.

2. 실전 상담 전문가 TIP

사인	♈ 양자리	적극적, 본능적, 자기중심적, 심사숙고 부족
행성	♂ 화성	과격, 난폭, 공격적, 역동적, 충동적

사인	♊ 쌍둥이자리	호기심, 커뮤니케이션, 합리적, 지적, 지성적
행성	☿ 수성	사고, 지식, 정보, 중개, 이동

35. THE STOCKS (차꼬)	소문, 불명예, 말실수, 불평, 통곡(울부짖음), 인신공격, 독설

36. GUILT
죄책감

1. 전사

♈ 양자리

♂ 화성

불(火)

활동궁(카디널) / +

3. 20. ~ 4. 20.

공격성, 성취할 수 있는
능력, 정복, 선동자, 정력,
새 출발을 위한 에너지

의도적이지 않은 행동,
성실한 행동, 투영,
피해자와 가해자의 관계,
죄의식과 결백

6. 봉사자

♍ 처녀자리

☿ 수성

흙(地)

변통궁(뮤터블) / −

8. 23. ~ 9. 23.

이유, 현실을 수용하기,
합리성, 냉철함,
정신적 균형

1. 실전 상담에서 배열된 카드의 의미

A. 한 장의 카드 혹은 첫 번째 카드: 문제　당신의 내면에 존재하는 가해자가 그의 인생과 결백을 위해 싸우고 있다. 그는 열심히 방어할 방법을 찾고 있다. 당신은 그의 행동을 이해하지 못하고 있고 "나는 한 사람이야!"라고 계속해서 외치고 있다. 피해자와 가해자를 연결하는 끈이 당신을 옭아매어 당신의 숨결과 자유를 뺏으려고 하고 있다.

B. 카드가 연속으로 배열되는 경우: 문제를 통해 해답을 찾는 방법　죄책감은 피할 수 없다. 당신이 어떤 선택을 하든 누군가는 상처를 받을 것이다. 한 가지 방법밖에 없다. 자백하라!

C. 마지막 카드: 결과　왜 계속 질문하고 있는가? 인간은 운명에 의해 결정된다. 델피의 신탁에서 알려진 이 말은 당신의 여정 끝에 있을 사원의 벽에 새겨져 있다. 죄책감을 당신 삶의 일부로 받아들이게 된다. 피해자와 가해자가 하나가 될 때 (추락과 선악의 지식에 마주하기 이전에) 죄의식과 결백을 초월한 지상 낙원을 볼 수 있을 것이다.

2. 실전 상담 전문가 TIP

사인	♈ 양자리	적극적, 본능적, 자기중심적, 심사숙고 부족
행성	♂ 화성	과격, 난폭, 공격적, 역동적, 충동적

사인	♍ 처녀자리	분석력, 논리적, 체계적, 비판적, 현실적
행성	☿ 수성	사고, 지식, 정보, 중개, 이동

36. GUILT (죄책감)	의도적이지 않은 행동, 성실한 행동, 투영, 피해자와 가해자의 관계, 죄의식과 결백

37. DISAGREEMENT
불일치

1. 전사	남녀 간의 불화,	7. 파트너
♈ 양자리	충돌, 손도끼,	♎ 천칭자리
♂ 화성	심볼론의 붕괴	♀ 금성
불(火)		공기(風)
활동궁(카디널) / +		활동궁(카디널) / +
3. 20. ~ 4. 20.		9. 23. ~ 10. 23.
공격성, 성취할 수 있는 능력, 정복, 선동자, 정력, 새 출발을 위한 에너지		상대방, 관계, 균형, 심볼론, 거울, 파트너

1. 실전 상담에서 배열된 카드의 의미

A. 한 장의 카드 혹은 첫 번째 카드: 문제 당신은 현재 관계의 불화에 대해 알고 싶어 하지 않는다. 여기서 말하는 갈등의 관계는 당신의 파트너, 이웃, 친구 혹은 가족 구성원과의 갈등을 의미한다. 당신은 논쟁하고 충돌하는 것에 두려움을 느끼고 있다. 당신은 자신의 공격성을 부추기는 자신의 파트너가 적이라고 생각하고 있다. 이러한 당신의 공격성은 신체적 질병으로 나타날 수 있다. (예: 복통, 열, 불안)

B. 카드가 연속으로 배열되는 경우: 문제를 통해 해답을 찾는 방법 당신이 해야 할 일은 분쟁의 불씨를 없애는 것이다. 상대와 열린 마음으로 대화를 나눔으로써 이 상황을 개선해 나갈 수 있다. 그러나 카드에서는 이 여정이 관계의 조화를 이루기에는 아직 역부족이라고 말하고 있다.

C. 마지막 카드: 결과 이 과정을 통해 당신은 남녀 간 조화를 이룰 수 없다는 것을 알게 될 것이다. 그러나 만약 당신이 자신의 자아를 계속해서 따른다면 당신은 "우리"라는 것을 잃게 될 것이다. "함께"라는 것을 받아들인다면 당신의 일부분을 희생해야 할 것이다. 두 마리 토끼를 다 잡을 수는 없다.

2. 실전 상담 전문가 TIP

사인	♈ 양자리	적극적, 본능적, 자기중심적, 심사숙고 부족
행성	♂ 화성	과격, 난폭, 공격적, 역동적, 충동적

사인	♎ 천칭자리	균형, 조화, 협력, 중재, 평화주의적
행성	♀ 금성	쾌락 추구, 친절함, 관능적, 감성적

37. DISAGREEMENT (불일치)	남녀 간의 불화, 충돌, 손도끼, 심볼론의 붕괴

38. THE VAMPIRE
뱀파이어

1. 전사		8. 유혹자
♈ 양자리		♏ 전갈자리
♂ 화성		♇ 명왕성
불(火)		물(水)
활동궁(카디널) / +		고정궁(픽스드) / −
3. 20. ~ 4. 20.		10. 23. ~ 11. 22.
공격성, 성취할 수 있는 능력, 정복, 선동자, 정력, 새 출발을 위한 에너지		악마, 상상력, 생각, 자살, 의무, 집착, 광신, 지하 세계

영혼의 침투,
강간, 구속,
희생자, 불사

1. 실전 상담에서 배열된 카드의 의미

A. 한 장의 카드 혹은 첫 번째 카드: 문제 당신의 일부분은 이미 죽었다. 즉, 당신이 가해자라고 여기는 사람에게 집착하면서 당신은 희생자라고 생각하고 있다는 것이다. 당신은 그 사람의 에너지로 삶의 행복을 느끼고 싶어 하다가 그/그녀가 실은 당신을 통제하고 있다는 사실에 놀라고 있을 것이다. 당신은 침입자를 불러들여 당신 스스로 희생자가 되는 것을 자처하고 있다. 이로 인해, 당신과 그 사람 모두이 "위험한 관계"에 휘말리게 되었다.

B. 카드가 연속으로 배열되는 경우: 문제를 통해 해답을 찾는 방법 당신의 일부는 타율적이라는 것을 알고 있다. 당신의 페르소나 중 지하 세계에 숨어 생명체를 위협하는 페르소나를 찾아야 한다. 이러한 기생충 같은 존재를 찾아야 한다. 이와 같은 존재가 당신을 족쇄로 채우고 있다.

C. 마지막 카드: 결과 뱀파이어는 사라질 것이다. 이것이 두려울 수도 있지만, 당신을 치유할 수 있는 방법이다. 그러나 이것은 완전한 죽음을 의미하는 것은 아니다. 당신의 삶을 강탈하던 뱀파이어가 살아나려 할 때, 당신이 그를 자각한다면 그는 다시 사라질 것이다. 당신의 이러한 행동은 새로운 시작을 창조할 것이다.

2. 실전 상담 전문가 TIP

사인	♈ 양자리	적극적, 본능적, 자기중심적, 심사숙고 부족
행성	♂ 화성	과격, 난폭, 공격적, 역동적, 충동적

사인	♏ 전갈자리	통찰력, 신비스러움, 민감함, 시선을 사로잡는 마력
행성	♇ 명왕성	영향력, 치밀함, 비밀스러움, 자신만의 질서

38. THE VAMPIRE (뱀파이어)	영혼의 침투, 강간, 구속, 희생자, 불사

39. THE CRUSADER
십자군

1. 전사		9. 설교자
♈ 양자리		♐ 사수자리
♂ 화성		♃ 목성
불(火)		불(火)
활동궁(카디널) / +		변통궁(뮤터블) / +
3. 20. ~ 4. 20.		11. 22. ~ 12. 21.
공격성, 성취할 수 있는 능력, 정복, 선동자, 정력, 새 출발을 위한 에너지		성직자, 선교사, 내면의 치료사, 믿음, 통찰력, 철학적 세계관

종교적 논란,
선교를 옹호함,
반대파와의 투쟁,
설득의 힘(신념을 유지함)

1. 실전 상담에서 배열된 카드의 의미

A. 한 장의 카드 혹은 첫 번째 카드: 문제 당신은 현재 당신의 올바른 판단력과는 반대되는 행동을 하고 있다(당신의 통찰력을 억누르고 있다). 그리고 자신과 반대되는 생각을 가진 사람들을 향해 칼을 휘두르고 있다. 당신이 옳다고 생각하는 의견을 장악하고 싶어 하지만 당신이 아직 간과하고 있는 것이 있다. 당신을 반대하는 그 사람들은 전쟁을 벌이고 파괴하는 척하고 있는 것이다.

B. 카드가 연속으로 배열되는 경우: 문제를 통해 해답을 찾는 방법 당신은 가끔 자신의 신념을 옹호해야 한다. 이러한 행동이 투쟁을 일으킬 수 있더라도 말이다. 그러나 자신의 신념에 대해 정확하게 알고 있지 않다면, 당신은 이 과정을 통해 통찰력과 지식을 얻을 수 없을 것이다.

C. 마지막 카드: 결과 결과적으로, 당신의 통찰과 이해가 당신의 행동을 위한 지침이 될 것이다. 당신은 더 이상 맹목적인 공격성으로 인한 사악한 행위를 하지 않을 것이다. 당신의 올바른 신념이 올바른 생각과 행동을 하게 만들 것이다. 당신은 이제 자기 자신과 싸우는 것이 얼마나 쉬운 일인지 알고 있다(마치 혼자 권투 연습을 하는 것처럼).

2. 실전 상담 전문가 TIP

사인	♈ 양자리	적극적, 본능적, 자기중심적, 심사숙고 부족
행성	♂ 화성	과격, 난폭, 공격적, 역동적, 충동적

+

사인	♐ 사수자리	이상적, 종교적, 관념적, 낙천적, 지적 추구
행성	♃ 목성	성공, 명예, 균형, 평화, 풍요, 낙관

⇩

39. THE CRUSADER (십자군)	종교적 논란, 선교를 옹호함, 반대파와의 투쟁, 설득의 힘(신념을 유지함)

40. PREVENTION
헛수고

1. 전사		10. 마스터
♈ 양자리		♑ 염소자리
♂ 화성		♄ 토성
불(火)		흙(地)
활동궁(카디널) / +		활동궁(카디널) / −
3. 20. ~ 4. 20.		12. 21. ~ 1. 20.

	헛된 노력, 금지, 운명의 힘, 장애, 굴레, 권한의 실추	

| 공격성, 성취할 수 있는
능력, 정복, 선동자, 정력,
새 출발을 위한 에너지 | | 합리성, 책임, 운명, 노인,
죽음, 무자비한 주인 |

1. 실전 상담에서 배열된 카드의 의미

A. 한 장의 카드 혹은 첫 번째 카드: 문제 당신은 현재 무모한 행동을 하고 있다. 당신의 이러한 행동은 아무런 결실을 이룰 수 없는 헛된 수고라는 것을 알아차리지 못하고 있다.

B. 카드가 연속으로 배열되는 경우: 문제를 통해 해답을 찾는 방법 포기해라! 당신이 선택할 수 있는 일이 아니다. 당신은 지금 칼을 뽑을 수 있는 상황이 아니다. 그것은 당신의 칼이 아니므로 이제, 그만 멈춰야 한다.

C. 마지막 카드: 결과 당신은 이 과정을 통해 당신이 지닌 힘과 운명의 조화를 이루는 방법을 알게 될 것이다. 개인적인 욕망은 더 높은 목표로 변화되고 당신의 에너지는 새로운 방향으로 흐르게 될 것이다.

2. 실전 상담 전문가 TIP

사인	♈ 양자리	적극적, 본능적, 자기중심적, 심사숙고 부족
행성	♂ 화성	과격, 난폭, 공격적, 역동적, 충동적

사인	♑ 염소자리	인내, 끈기, 절제, 고독, 지연, 폐쇄적
행성	♄ 토성	칩거, 은둔, 고독, 한계, 책임감

40. PREVENTION (헛수고)	헛된 노력, 금지, 운명의 힘, 장애, 굴레, 권한의 실추

41. THE SPITEFUL TROUBLEMAKER
골칫덩이

1. 전사		11. 광대
♈ 양자리		♒ 물병자리
♂ 화성		♅ 천왕성
불(火)		공기(風)
활동궁(카디널) / +		고정궁(픽스드) / +
3. 20. ~ 4. 20.		1. 20. ~ 2. 19.
공격성, 성취할 수 있는 능력, 정복, 선동자, 정력, 새 출발을 위한 에너지	문제를 일으키는 사람, 룸펠슈틸츠헨(심술궂은 요정), 골칫거리, 짜증스러운 것, 퇴마사, 위협, 사기꾼, 협력자	전달자, 자유, 외부인, 진정한 영웅, 황야의 이리

1. 실전 상담에서 배열된 카드의 의미

A. 한 장의 카드 혹은 첫 번째 카드: 문제 내면의 페르소나 중 하나가 당신 혹은 다른 사람을 착취하고 있다. (당사자는 알아채지 못하는 상황) 그것은 당신을 다른 사람과 멀어지게 만드는 존재로 당신 뒤에 숨어있는 배신자 거나 당신과 세상 간에 존재하는 위협이다.

B. 카드가 연속으로 배열되는 경우: 문제를 통해 해답을 찾는 방법 당신 안에 존재하고 있는 룸펠슈틸츠헨(심술궂은 요정)을 찾아야 한다. 비밀스럽고 주름이 자글자글한 그 작은 요정(자기 자신)의 동기를 유발하는 것이 무엇인지 찾아야 한다. 그의 목표 중 하나는 당신을 과거의 무언가에서 구해내는 것이다.

C. 마지막 카드: 결과 이 여정의 끝에서 당신은 당신의 페르소나와 동맹을 맺게 될 것이다. 더 이상 당신은 다른 사람들의 의견에 의존하지 않는다. 당신의 방식을 추구할 수 있게 되고 다른 사람들에게 자비를 베풀어야 한다거나 자비를 청해야 한다는 의무를 느끼지도 않게 될 것이다.

2. 실전 상담 전문가 TIP

사인	♈ 양자리	적극적, 본능적, 자기중심적, 심사숙고 부족
행성	♂ 화성	과격, 난폭, 공격적, 역동적, 충동적

사인	♒ 물병자리	독창적, 무질서, 부주의, 혁명, 독립, 자유 추구
행성	♅ 천왕성	독특함, 새로움 추구, 돌발적, 기발함

41. THE SPITEFUL TROUBLEMAKER (골칫덩이)	문제를 일으키는 사람, 룸펠슈틸츠헨(심술궂은 요정), 골칫거리, 짜증스러운 것, 퇴마사, 위협, 사기꾼, 협력자

42. THE ABSOLUTE FOOL
완벽한 바보

1. 전사
♈ 양자리
♂ 화성
불(火)
활동궁(카디널) / +
3. 20. ~ 4. 20.
공격성, 성취할 수 있는 능력, 정복, 선동자, 정력, 새 출발을 위한 에너지

하잘것없는 일,
패배자, 부랑자, 성실함,
잠자는 군인, 무기력함,
영웅이 되고 싶은 희망,
퍼시벌(아서왕 전설)

12. 천사
♓ 물고기자리
♆ 해왕성
물(水)
변통궁(뮤터블) / −
2. 19. ~ 3. 20.
진실, 성스러운 휘광, 지혜, 직감, 환상

1. 실전 상담에서 배열된 카드의 의미

A. 한 장의 카드 혹은 첫 번째 카드: 문제 **당신은 현재 세상과 타협할 힘**(기력)**이 없다는 것을 받아들일 수 없다. 당신은 패배자다. 당신의 육체는 피곤하고 약하며 노곤한 상태다.**

B. 카드가 연속으로 배열되는 경우: 문제를 통해 해답을 찾는 방법 **문제를 해결하려면 당신은 경쟁과 싸움을 거부하는 법을 배워야 한다. 다른 사람들과 함께하기보다 묵묵히 혼자 해내는 것이 더 나을 것이다.**

C. 마지막 카드: 결과 **당신은 양쪽 세상에 대해 존중하는 법을 배웠을 것이다. 당신은 더 이상 스스로를 지치게 만들지 않을 것이며, 공중누각을 짓거나 하잘 것 없는 일에 에너지를 쏟지 않을 것이다.**

2. 실전 상담 전문가 TIP

사인	♈ 양자리	적극적, 본능적, 자기중심적, 심사숙고 부족
행성	♂ 화성	과격, 난폭, 공격적, 역동적, 충동적

사인	♓ 물고기자리	공감 능력, 감정이입, 차분함, 연민
행성	♆ 해왕성	몽상, 신비, 포용력, 예민함, 초월적

42. THE ABSOLUTE FOOL (완벽한 바보)	하잘것없는 일, 패배자, 부랑자, 성실함, 잠자는 군인, 무기력함, 영웅이 되고 싶은 희망, 퍼시벌(아서왕 전설)

43. THE GOLDEN GIRL
귀부인

2. 연인		3. 중재자
♉ 황소자리		♊ 쌍둥이자리
♀ 금성	신데렐라, 여성과의 전쟁,	☿ 수성
흙(地)	가치를 드러냄,	공기(風)
고정궁(픽스드) / −	그림 형제 동화 속 인물인 '페히마리',	변통궁(뮤터블) / +
4. 20. ~ 5. 21.	학식 있는 여인,	5. 21. ~ 6. 21.
	미녀와 추녀	
가치, 매력, 소유,		신의 메시지를 전달하는
사교성, 육체적 매력		메신저, 지성, 계약,
		구경꾼, 편안함

1. 실전 상담에서 배열된 카드의 의미

A. 한 장의 카드 혹은 첫 번째 카드: 문제 당신은 내심 열등감을 느끼고 있다. 자신을 평범하거나 무능하다고 생각하기 때문에 자존감도 낮다. 당신은 다른 사람과 자신을 비교(혹은 경쟁)하기에 바쁘다. 그러나 이러한 행동으로 당신은 결국 모든 것을 잃게 된다. 자존감을 높이기 위해 외모를 가꾸는 데 집중한다면, 당신의 자아상이라는 감옥에서 벗어날 수 없을 것이다. 본질적으로, 당신 스스로를 믿지 않고 열등감을 느끼고 있다.

B. 카드가 연속으로 배열되는 경우: 문제를 통해 해답을 찾는 방법 문제를 해결하려면 당신의 뛰어난 행동에 대해 잘 생각해 보아야 한다. 즉, 왜 사람들이 당신의 진정한 모습보다 외적인 모습을 더 좋아한다고 생각하는 것인가? 이제 당신은 당신의 자존감에 대해 진지하게 살펴봐야 한다.

C. 마지막 카드: 결과 문제가 해결되면 당신은 그동안 꾸며진 자아상을 가진 연극배우에 불과했음을 깨닫게 될 것이다. 연극배우로 계속 살 것인지 그만둘 것인지는 당신이 정해야 할 문제다. 당신이 어떤 결정을 내리든 그건 중요하지 않다.

2. 실전 상담 전문가 TIP

사인	♉ 황소자리	실용적, 현실적, 탐욕스러움, 평화적
행성	♀ 금성	쾌락 추구, 친절함, 관능적, 감성적

사인	♊ 쌍둥이자리	호기심, 커뮤니케이션, 합리적, 지적, 지성적
행성	☿ 수성	사고, 지식, 정보, 중개, 이동

43. THE GOLDEN GIRL (귀부인)	신데렐라, 여성과의 전쟁, 가치를 드러냄, 그림 형제 동화 속 인물인 '페히마리', 학식 있는 여인, 미녀와 추녀

44. CLINGING
집착

2. 연인		6. 봉사자
♉ 황소자리		♍ 처녀자리
♀ 금성		☿ 수성
흙(地)		흙(地)
고정궁(픽스드) / –		변통궁(뮤터블) / –
4. 20. ~ 5. 21.		8. 23. ~ 9. 23.
가치, 매력, 소유, 사교성, 육체적 매력	탐욕, 과체중, 보호 장벽과 감옥인 물질세계, 안전에 대한 확신	이유, 현실을 수용하기, 합리성, 냉철함, 정신적 균형

1. 실전 상담에서 배열된 카드의 의미

A. 한 장의 카드 혹은 첫 번째 카드: 문제 당신은 현재 당신 주변에 벽을 쌓으며 안정을 추구하고 있다. 이것은 마치 감금된 노예와 같다. 여기서는 과도함이 중요한 역할을 한다. 당신은 "더 많을수록 더 좋은 것"이라고 생각하고 있다. 그러나 당신은 결국 이것으로 인해 더욱 옴짝달싹할 수 없게 될 것이다.

B. 카드가 연속으로 배열되는 경우: 문제를 통해 해답을 찾는 방법 문제를 해결하려면 당신이 외적인 가치를 얻기 위해 얼마나 노력하고 있는지 생각해봐야 한다. 당신이 추구하고 있는 그 가치들은 당신의 여정을 더욱 힘들게 하는 장애물이다.

C. 마지막 카드: 결과 물질세계에도 시간과 공간이 있다. 당신은 이 문제에 대해 균형적인 접근을 할 필요가 있다. 안전은 본질적인 가치이지만 그 자체로 끝이 날 문제가 아니다.

2. 실전 상담 전문가 TIP

사인	♉ 황소자리	실용적, 현실적, 탐욕스러움, 평화적
행성	♀ 금성	쾌락 추구, 친절함, 관능적, 감성적

사인	♍ 처녀자리	분석력, 논리적, 체계적, 비판적, 현실적
행성	☿ 수성	사고, 지식, 정보, 중개, 이동

44. CLINGING (집착)	탐욕, 과체중, 보호 장벽과 감옥인 물질세계, 안전에 대한 확신

45. THE GILDED CAGE
유복과 속박

2. 연인	7. 파트너
♉ 황소자리	♎ 천칭자리
♀ 금성	♀ 금성
흙(地)	공기(風)
고정궁(픽스드) / -	활동궁(카디널) / +
4. 20. ~ 5. 21.	9. 23. ~ 10. 23.
가치, 매력, 소유, 사교성, 육체적 매력	상대방, 관계, 균형, 심볼론, 거울, 파트너

감옥 같은 관계,
소유물로서의 사랑,
질투, 사랑을 매수함, 헌신

1. 실전 상담에서 배열된 카드의 의미

A. 한 장의 카드 혹은 첫 번째 카드: 문제 **"구매"와 "구매가 된 것"**은 관계의 부정적인 면이다. 이와 같은 관계는 "소유"와 "질투"로 가득 차 있다. "소유한 사람"과 "소유를 당한 사람" 모두 덫에 걸려 있다. 당신은 그 새장에 갇힌 새와 같다. 새장에서 자란 새는 수동적이고 융통성이 없을 것이다. 당신은 "안정"을 얻기 위해 상당한 대가를 지불했다.

B. 카드가 연속으로 배열되는 경우: 문제를 통해 해답을 찾는 방법 **문제를 해결하려면 당신의 관계를 좀 더 의미 있게 만들어나갈 필요가 있다. 이를 위해, 당신은 당신의 일부를 투자해야 하고 자유를 상실할 수도 있다. 그렇지 않으면, 그 관계는 견고하지 않고 무의미한 관계가 될 것이다.

C. 마지막 카드: 결과 **당신이 갇혀 있는 그 새장의 문은 아직 닫혀 있지 않다. 서로를 사랑하고 배려하는 두 사람이 "상호 안정"이라는 명목으로 서로를 고립시키지 말아야 한다. 서로가 함께 성장하고 발전할 수 있을 때 관계에 헌신할 수 있을 것이다. 자유를 잃는 것은 이에 대한 대가다.

2. 실전 상담 전문가 TIP

사인	♉ 황소자리	실용적, 현실적, 탐욕스러움, 평화적
행성	♀ 금성	쾌락 추구, 친절함, 관능적, 감성적

사인	♎ 천칭자리	균형, 조화, 협력, 중재, 평화주의적
행성	♀ 금성	쾌락 추구, 친절함, 관능적, 감성적

45. THE GILDED CAGE (유복과 속박)	감옥 같은 관계, 소유물로서의 사랑, 질투, 사랑을 매수함, 헌신

46. THE MARIONETTE
꼭두각시

2. 연인		8. 유혹자
♉ 황소자리		♏ 전갈자리
♀ 금성		♇ 명왕성
흙(地)		물(水)
고정궁(픽스드) / –		고정궁(픽스드) / –
4. 20. ~ 5. 21.		10. 23. ~ 11. 22.

바비 인형 신드롬,
원격으로 감각을 조절함,
완벽한 외모,
물질주의에 사로잡힘,
섭식장애

가치, 매력, 소유, 사교성, 육체적 매력	악마, 상상력, 생각, 자살, 의무, 집착, 광신, 지하 세계

1. 실전 상담에서 배열된 카드의 의미

A. 한 장의 카드 혹은 첫 번째 카드: 문제 당신은 보이지 않는 실에 걸려 있다. 그러나 당신은 그런 모습에 순응하려 애쓰고 있는 당신의 모습을 알아채지 못하고 있다. 비유적으로 표현하면, 당신은 유충이 되고 싶어 한다. 지하 세계의 신은 당신을 유혹하여 당신이 현실과 이상을 구분할 수 없게 만든다. 이것은 마치 당신 안에 오랫동안 잠복해 있으면서 당신이 어디서 언제 감염되게 되었는지 알 수 없는 바이러스와 같다.

B. 카드가 연속으로 배열되는 경우: 문제를 통해 해답을 찾는 방법 문제를 해결하려면 외부 바이러스가 당신을 어떻게 꼭두각시로 만들었는지 알아내야 한다. 이를 위해, 번데기에서 탈출해서 당신의 진정한 모습으로 돌아가야 한다. 그러나 변태 과정을 겪은 후에 다른 모습으로(부지불식간에) 살아가야 한다는 것은 절대 쉽지 않은 일이 될 것이다.

C. 마지막 카드: 결과 이 과정을 통해 당신은 자존감을 함양할 수 있게 될 것이다. 보이지 않는 실은 더 이상 당신의 자아상 혹은 다른 사람들의 자아상에 의해 움직이지 않을 것이다. 앞으로 당신은 다른 사람들이 원하는 모습, 자신이 추구하지 않는 가치, 피상적인 가치에 의해 살아가지 않을 것이다.

2. 실전 상담 전문가 TIP

사인	♉ 황소자리	실용적, 현실적, 탐욕스러움, 평화적
행성	♀ 금성	쾌락 추구, 친절함, 관능적, 감성적

사인	♏ 전갈자리	통찰력, 신비스러움, 민감함, 시선을 사로잡는 마력
행성	♇ 명왕성	영향력, 치밀함, 비밀스러움, 자신만의 질서

46. THE MARIONETTE (꼭두각시)	바비 인형 신드롬, 원격으로 감각을 조절함, 완벽한 외모, 물질주의에 사로잡힘, 섭식장애

47. MATTER AND SPIRIT
물질과 영혼

2. 연인	9. 설교자
♉ 황소자리	♐ 사수자리
♀ 금성	♃ 목성
흙(地)	불(火)
고정궁(픽스드) / −	변통궁(뮤터블) / +
4. 20. ~ 5. 21.	11. 22. ~ 12. 21.
가치, 매력, 소유, 사교성, 육체적 매력	성직자, 선교사, 내면의 치료사, 믿음, 통찰력, 철학적 세계관

기능으로서의 영혼,
새로운 시대의 비즈니스
(상품으로서의 영혼),
행복을 구매함, 종파

1. 실전 상담에서 배열된 카드의 의미

A. 한 장의 카드 혹은 첫 번째 카드: 문제 당신은 현재 중요한 통찰력을 누군가에게 팔 거나 사려고 한다. 즉, 당신이 소유하고 있는 영적인 소유물이 실은 당신의 것이 아니라는 것이다. 당신은 아직 영적인 여행을 경험하지 않았다. 당신이 소유하고 있는 것은 당신의 자아를 꾸미기 위해 사용되는 상품의 일부분일 뿐이다.

B. 카드가 연속으로 배열되는 경우: 문제를 통해 해답을 찾는 방법 새로운 통찰력을 얻기 위해서는 (가치 있는) 무언가를 버려야 한다. 그 무언가는 당신의 내면에 안주해 있거 나 당신이 사로잡혀 있는 것이다. 여정은 물질적인 희생이 따른다.

C. 마지막 카드: 결과 당신의 통찰력(영적인 존재)은 당신에게만 적용된다는 것을 알게 되었을 것이다. 그 누구도 당신의 통찰력을 사거나 팔 수 없다. 그들은 말하자면 자칭 "수제품"이기 때문이다.

2. 실전 상담 전문가 TIP

사인	♉ 황소자리	실용적, 현실적, 탐욕스러움, 평화적
행성	♀ 금성	쾌락 추구, 친절함, 관능적, 감성적

사인	♐ 사수자리	이상적, 종교적, 관념적, 낙천적, 지적 추구
행성	♃ 목성	성공, 명예, 균형, 평화, 풍요, 낙관

47. MATTER AND SPIRIT(물질과 영혼)	기능으로서의 영혼, 새로운 시대의 비즈니스 (상품으로서의 영혼), 행복을 구매함, 종파

48. RESPONSIBILITY
FOR CREATION
창조에 대한 책임

2. 연인		10. 마스터
♉ 황소자리		♑ 염소자리
♀ 금성		♄ 토성
흙(地)		흙(地)
고정궁(픽스드) / −		활동궁(카디널) / −
4. 20. ~ 5. 21.		12. 21. ~ 1. 20.
	세상에 대한 책임, 창조주와 자연, 양육과 관심, 사용 권한, 약자와 부양가족을 돌봄	
가치, 매력, 소유, 사교성, 육체적 매력		합리성, 책임, 운명, 노인, 죽음, 무자비한 주인

1. 실전 상담에서 배열된 카드의 의미

A. 한 장의 카드 혹은 첫 번째 카드: 문제 당신 주변에는 도움이 필요한 동물, 식물, 어려운 사람들이 있다. 이들은 사회적 약자로 당신의 도움을 필요로 한다. 그러나 당신은 그들에게 관심을 가지지 않는다. 그들은 관심을 받지 않으면 곧 시들어 죽을 것 같은 존재라는 것을 알아차리지 못하고 있다. 따라서 이 카드는 당신이 그들을 돌봐야 한다고 말하고 있다.

B. 카드가 연속으로 배열되는 경우: 문제를 통해 해답을 찾는 방법 당신은 타인, 세상, 환경에 관여해달라는 부탁을 받고 있을 것이다. 이 여정을 통해 당신은 사회적 약자 (당신에게 의존적인 존재)에 관한 책임을 받아들이는 방법을 배워야 한다. 이것은 당신의 도움을 필요로 하는 동물, 식물 혹은 인간을 뜻한다. 그들을 보살피고 도와주지 않는다면 당신의 여정은 끝나지 않을 것이다.

C. 마지막 카드: 결과 이제 당신은 당신 안에 존재하고 있는 "아시시의 성 프란체스코"와 매우 친숙해졌을 것이다. 세상에 선을 행하려 하는 당신의 일부가 조용히 깨어나고 있다. (의도하지 않더라도) 당신은 그 책임을 받아들일 준비가 되었고 자연과 조화로움을 느낄 수 있을 것이다.

2. 실전 상담 전문가 TIP

사인	♉ 황소자리	실용적, 현실적, 탐욕스러움, 평화적
행성	♀ 금성	쾌락 추구, 친절함, 관능적, 감성적

사인	♑ 염소자리	인내, 끈기, 절제, 고독, 지연, 폐쇄적
행성	♄ 토성	칩거, 은둔, 고독, 한계, 책임감

48. RESPONSIBILITY FOR CREATION (창조에 대한 책임)	세상에 대한 책임, 창조주와 자연, 양육과 관심, 사용 권한, 약자와 부양가족을 돌봄

49. THE FAREWELL
작별

2. 연인		11. 광대
♉ 황소자리		♒ 물병자리
♀ 금성		♅ 천왕성
흙(地)		공기(風)
고정궁(픽스드) / −		고정궁(픽스드) / +
4. 20. ~ 5. 21.		1. 20. ~ 2. 19.
	고국으로부터 추방, 갑작스러운 물질적 붕괴, 외부인, 공간이동, 절교	
가치, 매력, 소유, 사교성, 육체적 매력		전달자, 자유, 외부인, 진정한 영웅, 황야의 이리

1. 실전 상담에서 배열된 카드의 의미

A. 한 장의 카드 혹은 첫 번째 카드: 문제 **당신은 현재 주변 상황으로부터 당신을 보호**할 수 있는 껍질을 가지고 살아가고 있지만, 매우 힘겨운 상태다. 당신이 세상 밖으로 나올 수 있는 힘을 되찾을 수 없을 정도로 깊숙한 곳까지 끌고 갈 있는 위험이 도사리고 있다. 이것이 당신이 추방된 이유다. 그러나 그것은 당신이 성장하고 자유를 되찾는 데 필요할 수도 있다.

B. 카드가 연속으로 배열되는 경우: 문제를 통해 해답을 찾는 방법 **문제를 해결하기 위해**안정감 또는 친구와 가족(혹은 당신에게 중요한 사람들)을 포기해야 한다. 당신 삶의 특정한 부분과 당신이 소속된 곳들이 많은 도움이 될 것처럼 보이지만 실은 그것이 아니다. 그들은 더 이상 아무런 도움이 안 된다.

C. 마지막 카드: 결과 **수많은 여행을 통해 안정감은 구체적인 형태로 존재하는 것이**아니란 것을 알게 되었을 것이다. 당신은 자유, 소속의 변화, 썰물의 자연스러운 흐름을 받아들일 수 있게 되었다. 따라서 모든 것들은 적기와 적소가 있는 법이다.

2. 실전 상담 전문가 TIP

사인	♉ 황소자리	실용적, 현실적, 탐욕스러움, 평화적
행성	♀ 금성	쾌락 추구, 친절함, 관능적, 감성적

+

사인	♒ 물병자리	독창적, 무질서, 부주의, 혁명, 독립, 자유 추구
행성	♅ 천왕성	독특함, 새로움 추구, 돌발적, 기발함

⇩

49. THE FAREWELL (작별)	고국으로부터 추방, 갑작스러운 물질적 붕괴, 외부인, 공간 이동, 절교

50. THE GARDEN OF SPIRITS
영혼의 정원

2. 연인		12. 천사
♉ 황소자리		♓ 물고기자리
♀ 금성		♆ 해왕성
흙(地)		물(水)
고정궁(픽스드) / -		변통궁(뮤터블) / -
4. 20. ~ 5. 21.		2. 19. ~ 3. 20.
가치, 매력, 소유, 사교성, 육체적 매력		진실, 성스러운 휘광, 지혜, 직감, 환상

세상 이면에 존재하는 세상,
노숙자, 정처 없음,
신데렐라 신드롬,
물질세계를 경시함,
세상에 대한 풍자

1. 실전 상담에서 배열된 카드의 의미

A. 한 장의 카드 혹은 첫 번째 카드: 문제 당신은 자신도 모르게 공상에 잠기곤 한다. 꿈이 실현되기를 기다리며 현실로부터 도피하고 있다. 이러한 꿈들은 마약과 같아서 당신이 벗어나기 힘든 그 무언가이거나 당신과 세상을 멀어지게 만든다. 이로 인해, 당신은 거짓된 현실에 빠져든다. 특히, 그것들은 당신을 수동적으로 만든다.

B. 카드가 연속으로 배열되는 경우: 문제를 통해 해답을 찾는 방법 문제를 해결하기 위해서는 먼저 당신의 고향을 떠나야 한다. 물질적인 것들은 매우 엄격해서 당신이 가지고 있는 모든 것들을 앗아갈 수 있다. 당신은 이제 당신이 피할 수 없는 중대한 문제들에 집중해야 한다.

C. 마지막 카드: 결과 "지구에서 나타나는 모든 현상은 그저 은유적인 것일 뿐이다." 당신은 이 말의 의미를 이해할 수 있을 것이다. 따라서 당신은 더 이상 권력을 얻기 위한 투쟁을 하지 않아도 된다. 당신이 해야 할 일은 은유적인 것들을 찾아 그곳에서 자기 자신을 이해하는 방법을 배워 나가는 것이다.

2. 실전 상담 전문가 TIP

사인	♉ 황소자리	실용적, 현실적, 탐욕스러움, 평화적
행성	♀ 금성	쾌락 추구, 친절함, 관능적, 감성적

사인	♓ 물고기자리	공감 능력, 감정이입, 차분함, 연민
행성	♆ 해왕성	몽상, 신비, 포용력, 예민함, 초월적

50. THE GARDEN OF SPIRITS (영혼의 정원)	세상 이면에 존재하는 세상, 노숙자, 정처 없음, 신데렐라 신드롬, 물질세계를 경시함, 세상에 대한 풍자

51. THE STRATEGIST
전략가

3. 중재자		6. 봉사자
Ⅱ 쌍둥이자리		♍ 처녀자리
☿ 수성		☿ 수성
공기(風)		흙(地)
변통궁(뮤터블) / +		변통궁(뮤터블) / −
5. 21. ~ 6. 21.		8. 23. ~ 9. 23.
신의 메시지를 전달하는 메신저, 지성, 계약, 구경꾼, 편안함	지성, 통제, 전술, 과학, 이성적인 삶, 외교관, 인과관계	이유, 현실을 수용하기, 합리성, 냉철함, 정신적 균형

1. 실전 상담에서 배열된 카드의 의미

A. 한 장의 카드 혹은 첫 번째 카드: 문제 당신의 현재의 삶은 메말라 있다. "이성"과 "합리성"이라는 바이러스의 덫에 걸려 있다. 당신은 감정을 책으로 배우면서 머리로 이해하려 한다.

B. 카드가 연속으로 배열되는 경우: 문제를 통해 해답을 찾는 방법 신중히 행동하고 지적으로 행동해야 한다. 행동을 계획할 때에도, 감정에 너무 치우치지 말고 시간을 두고 신중하게 계획해야 한다. 모든 것에는 결과가 따른다는 것을 잊어서는 안 된다.

C. 마지막 카드: 결과 모든 것들은 명확해지고 재배치될 것이다. 당신의 인생이 흐르고 있는 방향에 대해 이해하는 법을 배우는 것이 중요하다. 당신은 이제 전체적인 인과관계를 볼 수 있게 되었고 결과를 이끌어 낼 수 있는 일에 집중하게 된다.

2. 실전 상담 전문가 TIP

사인	Ⅱ 쌍둥이자리	호기심, 커뮤니케이션, 합리적, 지적, 지성적
행성	☿ 수성	사고, 지식, 정보, 중개, 이동

+

사인	♍ 처녀자리	분석력, 논리적, 체계적, 비판적, 현실적
행성	☿ 수성	사고, 지식, 정보, 중개, 이동

⬇

51. THE STRATEGIST (전략가)	지성, 통제, 전술, 과학, 이성적인 삶, 외교관, 인과관계

52. VANITY FAIR
허영의 시장

3. 중재자	7. 파트너
Ⅱ 쌍둥이자리	♎ 천칭자리
☿ 수성	♀ 금성
공기(風)	공기(風)
변통궁(뮤터블) / +	활동궁(카디널) / +
5. 21. ~ 6. 21.	9. 23. ~ 10. 23.
신의 메시지를 전달하는 메신저, 지성, 계약, 구경꾼, 편안함	상대방, 관계, 균형, 심볼론, 거울, 파트너

보는 창과 들여다보는 창,
자아의 여행과 같은 관계,
시간의 흐름,
누군가와 함께 있는 것,
함께 서는 무대

1. 실전 상담에서 배열된 카드의 의미

A. 한 장의 카드 혹은 첫 번째 카드: 문제 당신의 현재 관계(혹은 추구하고 있는 관계)는 텅 빈 것과 같이 공허한 상태다. 이러한 상황은 당신의 자아가 의도한 것이다. 당신은 누군가의 "장신구" 역할을 했거나 당신의 파트너를 자신의 자아를 높이기 위한 수단으로 활용했다. 당신은 연인과 깊은 관계를 유지하려 하지 않고 관계에 지루함을 느끼고 무관심해진다.

B. 카드가 연속으로 배열되는 경우: 문제를 통해 해답을 찾는 방법 당신의 관계는 특별함 없이 평범하게 유지될 것이다. 당신의 파트너와 함께 공존하는 것이 문제를 해결할 수 있는 유일한 방법이다. 마음의 고요와 평화를 느끼면서 약간의 거리를 두는 것이 좋다.

C. 마지막 카드: 결과 외적인 것은 삶과 관계의 구성 요소이다. 당신은 게임의 일부인 외적인 것들을 너무 중요하게 생각하지 않은 채로 게임에 참여하는 법을 배우게 될 것이다.

2. 실전 상담 전문가 TIP

사인	♊ 쌍둥이자리	호기심, 커뮤니케이션, 합리적, 지적, 지성적
행성	☿ 수성	사고, 지식, 정보, 중개, 이동

사인	♎ 천칭자리	균형, 조화, 협력, 중재, 평화주의적
행성	♀ 금성	쾌락 추구, 친절함, 관능적, 감성적

52. VANITY FAIR (허영의 시장)	보는 창과 들여다보는 창, 자아의 여행과 같은 관계, 시간의 흐름, 누군가와 함께 있는 것, 함께 서는 무대

53. THE PIED PIPER
피리 부는 사람

3. 중재자	속임수에 넘어감, 제안, 선전가, 사기꾼, 구매 중독, 광고(당신을 현혹시키는 이미지)	8. 유혹자
♊ 쌍둥이자리		♏ 전갈자리
☿ 수성		♇ 명왕성
공기(風)		물(水)
변통궁(뮤터블) / +		고정궁(픽스드) / −
5. 21. ~ 6. 21.		10. 23. ~ 11. 22.
신의 메시지를 전달하는 메신저, 지성, 계약, 구경꾼, 편안함		악마, 상상력, 생각, 자살, 의무, 집착, 광신, 지하 세계

1. 실전 상담에서 배열된 카드의 의미

A. 한 장의 카드 혹은 첫 번째 카드: 문제 당신은 현재 누군가(혹은 아이디어)가 당신을 속이고 있다는 사실을 알아차리지 못하고 있다. 당신은 감옥에 갇힌 채로 아름다운 피리 선율에 혼란스러워하고 있다. 그러나 율리시스가 그랬듯이 아름다운 사이렌 소리에 당신이 해를 입지 않도록 도와줄 수 있는 사람은 없다.

B. 카드가 연속으로 배열되는 경우: 문제를 통해 해답을 찾는 방법 비록 빈껍데기일지라도 당신이 아름다운 피리 소리에 현혹되지 않는다는 건 불가능한 일이다. 당신에게 유용한 것과 당신의 삶에 대해 더 많이 이해하게 되면 다른 유혹에 현혹되지 않을 것이다.

C. 마지막 카드: 결과 결과적으로, 당신을 유혹하려는 사람을 발견하게 되면서 당신은 약속을 저버리게 될 것이다. 그러고 나서 편안한 안락의자에 걸터앉아 있을 자신의 모습을 발견하게 될 것이다.

2. 실전 상담 전문가 TIP

사인	♊ 쌍둥이자리	호기심, 커뮤니케이션, 합리적, 지적, 지성적
행성	☿ 수성	사고, 지식, 정보, 중개, 이동

+

사인	♏ 전갈자리	통찰력, 신비스러움, 민감함, 시선을 사로잡는 마력
행성	♇ 명왕성	영향력, 치밀함, 비밀스러움, 자신만의 질서

⬇

53. THE PIED PIPER (피리 부는 사람)	속임수에 넘어감, 제안, 선전가, 사기꾼, 구매 중독, 광고(당신을 현혹시키는 이미지)

54. MASTER
AND DISCIPLE
스승과 제자

3. 중재자	학습과 교육,	9. 설교자
Ⅱ 쌍둥이자리	영적인 차이,	♐ 사수자리
☿ 수성	영원한 제자, 사기꾼	♃ 목성
공기(風)		불(火)
변통궁(뮤터블) / +		변통궁(뮤터블) / +
5. 21. ~ 6. 21.		11. 22. ~ 12. 21.
신의 메시지를 전달하는 메신저, 지성, 계약, 구경꾼, 편안함		성직자, 선교사, 내면의 치료사, 믿음, 통찰력, 철학적 세계관

1. 실전 상담에서 배열된 카드의 의미

A. 한 장의 카드 혹은 첫 번째 카드: 문제 당신은 스승과 제자라는 역할 사이에서 길을 잃은 상태다. 당신은 누군가를 가르칠 용기도 없고 배울 용기도 없다. 황무지에서 당신의 지적인 에너지를 빼앗고 당신에게 "이렇게 돼야 해"라고 하거나 "이렇게 되면 안 돼"라고 말할 사람은 없다. 당신은 당신이 얻은 지식에 대한 책임감이 부족하며 정신적으로 성숙하지 않은 상태다.

B. 카드가 연속으로 배열되는 경우: 문제를 통해 해답을 찾는 방법 당신은 갈림길을 맞이해야 한다. 한쪽은 당신이 선생님이 되는 길이고, 다른 한쪽 길로 들어가면 학생으로 남게 된다. 두 가지 선택 모두 당신의 미래에 동등하게 가치 있는 것들이다.

C. 마지막 카드: 결과 당신은 영적인 매개체가 될 것이다. 당신이 속해 있는 그룹의 필요에 따라 지식을 전파하고 수용하게 될 것이다. 당신은 이제 두 가지 역할을 모두 수행할 수 있게 되었다. 당신의 깊은 지식은 치유의 힘과 책임감을 가지고 있으며, 양질의 적토를 머금은 강물과 같다. 당신은 이제 강물이 바다로 흘러 들어가기까지 얼마나 오래 걸릴지를 충분히 이해할 수 있을 것이다.

2. 실전 상담 전문가 TIP

사인	♊ 쌍둥이자리	호기심, 커뮤니케이션, 합리적, 지적, 지성적
행성	☿ 수성	사고, 지식, 정보, 중개, 이동

+

사인	♐ 사수자리	이상적, 종교적, 관념적, 낙천적, 지적 추구
행성	♃ 목성	성공, 명예, 균형, 평화, 풍요, 낙관

⬇

54. MASTER AND DISCIPLE (스승과 제자)	학습과 교육, 영적인 차이, 영원한 제자, 사기꾼

55. AFFLICTION
고난

3. 중재자		10. 마스터
Ⅱ 쌍둥이자리		℃ 염소자리
☿ 수성		♄ 토성
공기(風)		흙(地)
변통궁(뮤터블) / +	장애, 학습장애,	활동궁(카디널) / −
5. 21. ~ 6. 21.	소통의 부재,	12. 21. ~ 1. 20.
	무효, 반영,	
신의 메시지를 전달하는	사고의 명확성	합리성, 책임, 운명, 노인,
메신저, 지성, 계약,		죽음, 무자비한 주인
구경꾼, 편안함		

1. 실전 상담에서 배열된 카드의 의미

A. 한 장의 카드 혹은 첫 번째 카드: 문제 당신은 현재 명민함을 잃은 상태다. 당신의 움직임은 기력이 없고 절뚝거리기까지 하고 있다. 더 이상의 호전은 기대하기 어려울 것이다. 당신은 왜 이 시점이 당신의 발전에 있어 매우 중요한지 이해하지 못하고 있다. 당신은 그곳에 오랫동안 머물러야 한다.

B. 카드가 연속으로 배열되는 경우: 문제를 통해 해답을 찾는 방법 당신은 자신의 생각과 행동에 대해 더 책임감을 느껴야 할 것이다. 이 여정을 통해 당신은 불리한 조건을 극복할 수 있을 것이고 인내심도 기를 수 있을 것이다.

C. 마지막 카드: 결과 결과적으로 당신의 길을 걸어가게 될 것이다. 사막에서 혼자 방황할 때도 있을 것이고 기쁨에 가득 찬 나날을 보낼 수도 있을 것이다. 당신은 이 모든 여정을 겪게 될 것이며 당신의 인생을 위한 여행에 책임감을 지니는 법을 배우게 될 것이다.

2. 실전 상담 전문가 TIP

사인	Ⅱ 쌍둥이자리	호기심, 커뮤니케이션, 합리적, 지적, 지성적
행성	☿ 수성	사고, 지식, 정보, 중개, 이동

+

사인	♑ 염소자리	인내, 끈기, 절제, 고독, 지연, 폐쇄적
행성	♄ 토성	칩거, 은둔, 고독, 한계, 책임감

⇓

55. AFFLICTION (고난)	장애, 학습장애, 소통의 부재, 무효, 반영, 사고의 명확성

56. DREAMING
JOHNNY
꿈꾸는 사람

3. 중재자

Ⅱ 쌍둥이자리

☿ 수성

공기(風)

변통궁(뮤터블) / +

5. 21. ~ 6. 21.

신의 메시지를 전달하는
메신저, 지성, 계약,
구경꾼, 편안함

꿈꾸는 무용가,
별 따라 가기, 비틀거림,
무의식중에 한 실언,
무모함, 자유 사상가,
사소한 원인과 중대한 영향

11. 광대

≈ 물병자리

♅ 천왕성

공기(風)

고정궁(픽스드) / +

1. 20. ~ 2. 19.

전달자, 자유, 외부인,
진정한 영웅, 황야의 이리

1. 실전 상담에서 배열된 카드의 의미

A. 한 장의 카드 혹은 첫 번째 카드: 문제 당신은 현재 무언가를 간과하고 있다. 즉, 당신은 기어 다니지도 못하고 있는데 걷고 싶어 한다. 당신은 자연의 흐름을 거스르려 하고 있고 경솔하고 성급하게 행동하고 있다. 당신의 이러한 행동은 당신을 낭떠러지로 몰아가고 있다. 당신의 여정은 첫 번째 걸음과 세 번째 걸음 사이에서 멈췄다. 당신은 꾸준한 노력 없이 한 번에 성공을 얻으려고 한다. 현재 당신은 허공에 매달려 있는 상태다.

B. 카드가 연속으로 배열되는 경우: 문제를 통해 해답을 찾는 방법 평소와 똑같이 행동한다면 당신은 절대 성공할 수 없을 것이다. 자발적이고 새로운 행동을 할 필요가 있다.

C. 마지막 카드: 결과 당신은 늘 평형을 유지해오던 일상에서 탈출한다. 이후, 당신은 하늘의 계시를 읽을 수 있다. 당신은 순수한 "이성"보다 자연에서 더 많은 것들을 경험할 수 있다.

2. 실전 상담 전문가 TIP

사인	♊ 쌍둥이자리	호기심, 커뮤니케이션, 합리적, 지적, 지성적
행성	☿ 수성	사고, 지식, 정보, 중개, 이동

사인	♒ 물병자리	독창적, 무질서, 부주의, 혁명, 독립, 자유 추구
행성	♅ 천왕성	독특함, 새로움 추구, 돌발적, 기발함

56. DREAMING JOHNNY (꿈꾸는 사람)	꿈꾸는 무용가, 별 따라 가기, 비틀거림, 무의식중에 한 실언, 무모함, 자유 사상가, 사소한 원인과 중대한 영향

57. SILENCE
침묵

3. 중재자		12. 천사
♊ 쌍둥이자리		♓ 물고기자리
☿ 수성		♆ 해왕성
공기(風)	보이지 않음,	물(水)
변통궁(뮤터블) / +	침묵, 침묵이 금이다,	변통궁(뮤터블) / −
5. 21. ~ 6. 21.	비밀을 지킴,	2. 19. ~ 3. 20.
신의 메시지를 전달하는 메신저, 지성, 계약, 구경꾼, 편안함	무용지물, 무관심	진실, 성스러운 휘광, 지혜, 직감, 환상

1. 실전 상담에서 배열된 카드의 의미

A. 한 장의 카드 혹은 첫 번째 카드: 문제 당신은 올바로 돌아가는 세상을 만들기 위해 노력하고 있지만, 그 노력은 부질없는 것이다. 당신이 뜻대로 할 수 없는 일이기 때문이다. 세상은 당신의 노력을 무시한 채 혼란스럽게 돌아가고 있다. 당신의 세상은 더는 당신이 원하는 것을 설명하려 하지 않는다. 당신은 아직 가만히 있는 방법을 배우지 않았으며 "침묵의 세상"에 익숙하지 않다. (막스 피카르트-독일 작가)

B. 카드가 연속으로 배열되는 경우: 문제를 통해 해답을 찾는 방법 침묵하는 법을 배우면서 당신은 더는 비밀을 발설하지 않게 될 것이다. 여정 동안 온전히 당신에 집중해야 하며 이야기를 꾸며내거나 다른 사람에게 말하는 것을 삼가야 한다.

C. 마지막 카드: 결과 무지개 끝에서 침묵의 황금이 당신을 기다리고 있을 것이다. 당신은 이제 허영심에 찬 빛 좋은 개살구가 무의미하다는 것을 알았을 것이다.

2. 실전 상담 전문가 TIP

사인	♊ 쌍둥이자리	호기심, 커뮤니케이션, 합리적, 지적, 지성적
행성	☿ 수성	사고, 지식, 정보, 중개, 이동

사인	♓ 물고기자리	공감 능력, 감정이입, 차분함, 연민
행성	♆ 해왕성	몽상, 신비, 포용력, 예민함, 초월적

57. SILENCE (침묵)	보이지 않음, 침묵, 침묵이 금이다, 비밀을 지킴, 무용지물, 무관심

58. EVERYDAY LIFE
IN THE RELATIONSHIP
일상적인 관계

6. 봉사자		7. 파트너
♍ 처녀자리		♎ 천칭자리
☿ 수성		♀ 금성
흙(地)		공기(風)
변통궁(뮤터블) / −		활동궁(카디널) / +
8. 23. ~ 9. 23.		9. 23. ~ 10. 23.

설렘이 없는 상태,
둔함, 의무적인 관계,
단조로움, 부식, 동기 결여

이유, 현실을 수용하기,
합리성, 냉철함,
정신적 균형

상대방, 관계, 균형,
심볼론, 거울, 파트너

1. 실전 상담에서 배열된 카드의 의미

A. 한 장의 카드 혹은 첫 번째 카드: 문제 당신의 관계는 아무런 자극 없이 무기력한 상태이다. 당신의 파트너(연인, 부부, 동료)도 관계에 활력을 불어 넣으려고 노력하지 않는다. 한때는 관계에 좋은 조짐이 돌았지만, 현재는 의무, 순응, 요구사항들에 영향을 받는 관계이다.

B. 카드가 연속으로 배열되는 경우: 문제를 통해 해답을 찾는 방법 관계는 당신이 순응할 수밖에 없는 힘을 발휘해야 한다. 관계가 좋을 때, 서로에 대한 환상을 가지고 바라볼 수밖에 없다는 것을 깨달아야 하고 (허니문이 끝나지 않기를 바라는 마음) 일상 속의 소중한 가치들을 회복시키려 노력해야 한다.

C. 마지막 카드: 결과 당신은 "나"라는 자아보다 "우리"라는 유대감이 훨씬 더 중요하다는 것을 알게 될 것이다. 다음 단계로 넘어가면 당신은 매일의 일상이 "도전"이 아닌 "실천"하는 "활동"이라고 느낄 수 있게 될 것이다.

2. 실전 상담 전문가 TIP

사인	♍ 처녀자리	분석력, 논리적, 체계적, 비판적, 현실적
행성	☿ 수성	사고, 지식, 정보, 중개, 이동

사인	♎ 천칭자리	균형, 조화, 협력, 중재, 평화주의적
행성	♀ 금성	쾌락 추구, 친절함, 관능적, 감성적

58. EVERYDAY LIFE IN THE RELATIONSHIP (일상적인 관계)	설렘이 없는 상태, 둔함, 의무적인 관계, 단조로움, 부식, 동기 결여

59. CASTIGATION
자책

6. 봉사자		8. 유혹자
♍ 처녀자리		♏ 전갈자리
☿ 수성		♇ 명왕성
흙(地)	자기 징벌,	물(水)
변통궁(뮤터블) / −	죄책감에서 벗어나야 한다는 강박감,	고정궁(픽스드) / −
8. 23. ~ 9. 23.	태형, 강박증,	10. 23. ~ 11. 22.
이유, 현실을 수용하기,	이상(理想)을 따름	악마, 상상력, 생각,
합리성, 냉철함,		자살, 의무, 집착,
정신적 균형		광신, 지하 세계

1. 실전 상담에서 배열된 카드의 의미

A. 한 장의 카드 혹은 첫 번째 카드: 문제 **당신은 강박적인 이미지에 빠져 고통스러워** 하고 있다. 당신은 "순결과 결백"에 대한 당신의 강박감이라는 악순환의 고리에서 빠져나오지 못하고 있다. 당신은 자기 정화를 통해 악령을 쫓고 있다고 생각한다. 이러한 의식들은 대부분 자기만족을 위한 것이다. 그러나 이러한 것들은 오히려 당신의 생명력을 약화시키고 당신을 통제한다. 그러나 당신은 꼭두각시처럼 통제 받고 있다는 것을 알아차리지 못하고 있다.

B. 카드가 연속으로 배열되는 경우: 문제를 통해 해답을 찾는 방법 **때로는 더 높은 이상을** 실현하기 위해 자신이 열망하는 것들을 포기해야 할 때도 있다. 이러한 여정을 통해 당신은 이상을 따르게 될 것이다.

C. 마지막 카드: 결과 **의식은 반복되는 행동**(혹은 여러 행동들을 복합한 형태)**을 통해 형성되** 는 에너지 영역이다. 당신은 무의미한 의례와 (소유적인) 의미 있는 의식을 구별(정복) 하는 법을 배운다.

2. 실전 상담 전문가 TIP

사인	♍ 처녀자리	분석력, 논리적, 체계적, 비판적, 현실적
행성	☿ 수성	사고, 지식, 정보, 중개, 이동

+

사인	♏ 전갈자리	통찰력, 신비스러움, 민감함, 시선을 사로잡는 마력
행성	♇ 명왕성	영향력, 치밀함, 비밀스러움, 자신만의 질서

⬇

59. CASTIGATION (자책)	자기 징벌, 죄책감에서 벗어나야 한다는 강박감, 태형, 강박증, 이상(理想)을 따름

60. THE INQUISITION
종교 재판

6. 봉사자		9. 설교자
♍ 처녀자리		♐ 사수자리
☿ 수성		♃ 목성
흙(地)		불(火)
변통궁(뮤터블) / −		변통궁(뮤터블) / +
8. 23. ~ 9. 23.		11. 22. ~ 12. 21.
이유, 현실을 수용하기, 합리성, 냉철함, 정신적 균형		성직자, 선교사, 내면의 치료사, 믿음, 통찰력, 철학적 세계관

심문, 옹졸함,
(정치적) 위선자,
의견의 차이를 고려하지 않음,
편안한 느낌에 대한 안정감,
가해자 수색

1. 실전 상담에서 배열된 카드의 의미

A. 한 장의 카드 혹은 첫 번째 카드: 문제 당신은 편협한 사고로 타인의 생각과 신념을 받아들이고 그들의 생각을 멸시하기도 하며 자신의 무죄를 주장하는 위선자와도 같다. 당신은 자신의 생각은 고수하고 타인의 신념은 무시하려 한다. 당신은 확신에 가득 차서 그들의 말을 들으려고 하지 않는다.

B. 카드가 연속으로 배열되는 경우: 문제를 통해 해답을 찾는 방법 당신은 엄중한 심문(혹은 기소)을 받게 될 수 있다. 운명은 모든 힘을 활용하여 당신이 진실을 말하도록 쥐어짤 것이다. 이것은 단순히 유죄와 무죄를 판가름하는 문제가 아니라(표면적으로는 유죄와 무죄를 판단하는 문제로 보일 것이다.) 이 과정을 통해 당신이 한 걸음 더 내디딜 수 있게 된다.

C. 마지막 카드: 결과 이 여정의 끝에서 당신은 자신의 소신을 관철하려는 자신감과 깊은 영적인(혹은 종교적인) 경험을 얻을 수 있게 될 것이다. 당신은 다른 사람과 자기 자신에 대한 인내심을 발휘할 수 있게 되어 당신만이 통달한 사람이라 생각하며 자신을 입증하려는 태도를 보이지 않게 될 것이다.

2. 실전 상담 전문가 TIP

사인	♍ 처녀자리	분석력, 논리적, 체계적, 비판적, 현실적
행성	☿ 수성	사고, 지식, 정보, 중개, 이동

사인	♐ 사수자리	이상적, 종교적, 관념적, 낙천적, 지적 추구
행성	♃ 목성	성공, 명예, 균형, 평화, 풍요, 낙관

60. THE INQUISITION (종교재판)	심문, 옹졸함, (정치적) 위선자, 의견의 차이를 고려하지 않음, 편안한 느낌에 대한 안정감, 가해자 수색

61. FEAR
공포

6. 봉사자

♍ 처녀자리

☿ 수성

흙(地)

변통궁(뮤터블) / −

8. 23. ~ 9. 23.

이유, 현실을 수용하기,
합리성, 냉철함,
정신적 균형

삶과 죽음에 대한 공포,
어둠에 대한 공포,
운명을 따름, 불변

10. 마스터

♑ 염소자리

♄ 토성

흙(地)

활동궁(카디널) / −

12. 21. ~ 1. 20.

합리성, 책임, 운명, 노인,
죽음, 무자비한 주인

1. 실전 상담에서 배열된 카드의 의미

A. 한 장의 카드 혹은 첫 번째 카드: 문제 **당신은 현재 당신의 생명력을 막고 있으며 거의 마비가 된 상태다. 당신의 영혼은 견고한 장벽에 부딪혀 당신에게 다가오지 못하고 있다. 당신은 현재 당신이 진정으로 해야 할 일을 억누르면서 공포감까지 억제하고**(혹은 억제하려 하고) **있다.**

B. 카드가 연속으로 배열되는 경우: 문제를 통해 해답을 찾는 방법 **당신은 이 여정을 통해 죽음의 공포와 맞닥뜨리게 될 것이다. 사자**(死者)**의 서**(書)**라는 책을 통해 죽음이 친구처럼 우리에게 친숙한 것을 깨닫고 죽음에 익숙해지고 이해해야 한다. 죽음에 관해 배우면서 당신은 용기와 장수의 기운을 얻을 것이며 죽음을 면한 수많은 나의 자아** (나의 존재를 형성하는 것)**들을 견딜 수 있게 된다.**

C. 마지막 카드: 결과 **당신은 더 이상 죽음이 두렵지 않을 것이다. 수많은 죽음의 경험을 통해 당신은 떠나보내는 연습을 할 수 있었기 때문이다. 죽음의 신은 당신 곁에 있을 것이다. 당신이 어디에 있든 당신의 조력자로서 함께 있을 것이다.**

2. 실전 상담 전문가 TIP

사인	♍ 처녀자리	분석력, 논리적, 체계적, 비판적, 현실적
행성	☿ 수성	사고, 지식, 정보, 중개, 이동

사인	♑ 염소자리	인내, 끈기, 절제, 고독, 지연, 폐쇄적
행성	♄ 토성	칩거, 은둔, 고독, 한계, 책임감

61. FEAR (공포)	삶과 죽음에 대한 공포, 어둠에 대한 공포, 운명을 따름, 불변

62. THE FURIES
퓨리스

6. 봉사자		11. 광대
♍ 처녀자리		≈ 물병자리
☿ 수성		♅ 천왕성
흙(地)		공기(風)
변통궁(뮤터블) / –		고정궁(픽스드) / +
8. 23. ~ 9. 23.		1. 20. ~ 2. 19.

복수의 영혼,
편집증(피해망상),
광기, 관습을 버림,
원령에 시달림,
휴식이 없음

이유, 현실을 수용하기,
합리성, 냉철함,
정신적 균형

전달자, 자유, 외부인,
진정한 영웅, 황야의 이리

1. 실전 상담에서 배열된 카드의 의미

A. 한 장의 카드 혹은 첫 번째 카드: 문제 당신은 현재 억누른 공포로 형상화된 죄의식에 시달리고 있다. 당신은 자신의 공포가 드러나지 않는 한 알아차리는 이는 아무도 없을 것으로 생각한다. 당신은 이미 오래전부터 "죄책감"을 느끼고 있고 이 때문에 당신은 불안해하고 있다.

B. 카드가 연속으로 배열되는 경우: 문제를 통해 해답을 찾는 방법 이 과정을 통해 자신이 행한 모든 일과 죄의식에 대해 생각해보아야 한다. 단, 양심이라는 기준에 따라 행동해야 한다. 영혼을 지탱하는 양심으로 인해 평화를 느낄 수 있을 것이다.

C. 마지막 카드: 결과 당신은 복수심으로부터 도망치는 것을 멈추고 "처벌"을 면할수 없다는 것을 인정하게 된다. 당신이 복수의 여신의 판단을 받아들일 때, 감정의 변화가 일어날 것이다. 이후, 분노는 가라앉고 온화한 상태로 돌아갈 수 있을것이다.

2. 실전 상담 전문가 TIP

사인	♍ 처녀자리	분석력, 논리적, 체계적, 비판적, 현실적
행성	☿ 수성	사고, 지식, 정보, 중개, 이동

사인	♒ 물병자리	독창적, 무질서, 부주의, 혁명, 독립, 자유 추구
행성	♅천왕성	독특함, 새로움 추구, 돌발적, 기발함

62. THE FURIES (퓨리스)	복수의 영혼, 편집증(피해망상), 광기, 관습을 버림, 원령에 시달림, 휴식이 없음

63. DECEPTION
속임수

6. 봉사자	자기기만, 살인, 사기, 교묘한 속임수, 사기꾼, 혼돈 속의 질서	12. 천사
♍ 처녀자리		♓ 물고기자리
☿ 수성		♆ 해왕성
흙(地)		물(水)
변통궁(뮤터블) / −		변통궁(뮤터블) / −
8. 23. ~ 9. 23.		2. 19. ~ 3. 20.
이유, 현실을 수용하기, 합리성, 냉철함, 정신적 균형		진실, 성스러운 휘광, 지혜, 직감, 환상

1. 실전 상담에서 배열된 카드의 의미

A. 한 장의 카드 혹은 첫 번째 카드: 문제 당신은 현재 당신 자신을 기만하고 있다. 그러나 자기 자신을 기만하고 있음에도 불구하고 다른 사람이 자기를 속이고 있다고 생각한다. 즉, 자기기만을 다른 사람에게 투영하여 자기 현시적 예언을 하는 것이다. 당신은 정작 자신이 그러고 있다는 것을 알지 못하고 있다. 당신이 자기 반영을 회피하면 회피할수록 스스로에 대한 속임수를 알아차리기 힘들 것이다.

B. 카드가 연속으로 배열되는 경우: 문제를 통해 해답을 찾는 방법 당신의 여정은 혼돈과 혼란으로 둘러싸여 있다. 당신의 문제는 좀처럼 해결될 기미가 보이지 않을 것이다. 그러나 이러한 혼란을 통해 당신이 꿈과 안전에 대한 필요성, 그리고 의무와 이상을 구별할 수 있게 되면서 치유가 된다. 또한, 현실에의 순응과 앞으로 펼쳐질 미래 간의 균형을 맞춰 살아갈 필요가 있다.

C. 마지막 카드: 결과 거짓과 진실이 밝혀지고 당신은 인생의 위기와 혼돈을 기꺼이 받아들일 수 있는 용기를 가지게 된다. 이를 통해, 당신은 인생의 불안정성을 배웠기 때문에 미래를 예측할 수 없다는 것을 알게 될 것이다.

2. 실전 상담 전문가 TIP

사인	♍ 처녀자리	분석력, 논리적, 체계적, 비판적, 현실적
행성	☿ 수성	사고, 지식, 정보, 중개, 이동

+

사인	♓ 물고기자리	공감 능력, 감정이입, 차분함, 연민
행성	♆ 해왕성	몽상, 신비, 포용력, 예민함, 초월적

⬇

63. DECEPTION (속임수)	자기기만, 살인, 사기, 교묘한 속임수, 사기꾼, 혼돈 속의 질서

64. DISASTER
재앙

7. 파트너		8. 유혹자
♎ 천칭자리		♏ 전갈자리
♀ 금성		♇ 명왕성
공기(風)		물(水)
활동궁(카디널) / +		고정궁(픽스드) / –
9. 23. ~ 10. 23.		10. 23. ~ 11. 22.

사슬, 지옥과 같은 관계,
마법과의 접촉,
암울한 분위기의 결혼식,
노예화, 가학 피학증, 외설물

| 상대방, 관계, 균형, 심볼론, 거울, 파트너 | | 악마, 상상력, 생각, 자살, 의무, 집착, 광신, 지하 세계 |

1. 실전 상담에서 배열된 카드의 의미

A. 한 장의 카드 혹은 첫 번째 카드: 문제 당신은 어떠한 이미지에 현혹되어왔고 현재 당신은 감옥에 갇힌 죄수와 같다. 당신은 당신의 파트너에게 현실(혹은 당신의 상상 속)에서 전적으로 헌신하였다. 당신을 곤경에 빠뜨린 마법을 기억할 때까지 당신은 사슬에 묶여 있게 된다.

B. 카드가 연속으로 배열되는 경우: 문제를 통해 해답을 찾는 방법 이 여정은 관계의 지하 세계로 당신을 인도할 것이며 당신은 이를 피할 수 없다. 당신은 전적인 헌신으로 덫에 걸린 상태지만 이 여정을 계속하면서 점차 성숙해지는 자신을 발견할 것이다.

C. 마지막 카드: 결과 개인적인 성장을 위한 도전에 있어서 정서적 유대감과 미묘한 차이는 당신의 운명의 파트너와만 경험할 수 있는 감정이 된다(당신의 머릿속에 떠오른 사람이 아닌 운명의 파트너를 의미한다).

2. 실전 상담 전문가 TIP

사인	♎ 천칭자리	균형, 조화, 협력, 중재, 평화주의적
행성	♀ 금성	쾌락 추구, 친절함, 관능적, 감성적

사인	♏ 전갈자리	통찰력, 신비스러움, 민감함, 시선을 사로잡는 마력
행성	♇ 명왕성	영향력, 치밀함, 비밀스러움, 자신만의 질서

64. DISASTER (재앙)	사슬, 지옥과 같은 관계, 마법과의 접촉, 암울한 분위기의 결혼식, 노예화, 가학 피학증, 외설물

65. THE SYMBOLON
심볼론

7. 파트너

♎ 천칭자리

♀ 금성

공기(風)

활동궁(카디널) / +

9. 23. ~ 10. 23.

상대방, 관계, 균형,
심볼론, 거울, 파트너

관계의 의미,
애정운이 좋음,
혼인 서약,
이해를 바탕으로 한 파트너십,
금혼식

9. 설교자

♐ 사수자리

♃ 목성

불(火)

변통궁(뮤터블) / +

11. 22. ~ 12. 21.

성직자, 선교사,
내면의 치료사, 믿음,
통찰력, 철학적 세계관

1. 실전 상담에서 배열된 카드의 의미

A. 한 장의 카드 혹은 첫 번째 카드: 문제 현재 당신은 관계에 관한 문제를 억제하려고 하고 있다. 당신은 이미 관계가 완성되었다고 생각하거나 아직 자신이 원하는 파트너를 만나지 못했다고 생각하고 있다. 어떤 상황에 놓여있든 당신의 내면에 존재하는 관계의 페르소나는 배워야 할 것들이 더 많이 남아있다. 당신은 아직 관계에 대한 이해가 부족하기 때문이다.

B. 카드가 연속으로 배열되는 경우: 문제를 통해 해답을 찾는 방법 당신은 현재 사원의 계단 앞에서 주저하고 있다. 그 사원은 당신의 관계에 의미 있는 곳이므로 올라가기를 주저해서는 안 된다. 당신의 길은 분명히 정해져 있다. 파트너의 결점(당신을 한 걸음 물러나게 할 것들)을 찾기보다는 앞으로 펼쳐질 앞날만을 생각하고 더 높은 목표를 위해 당신의 비전을 발전시켜야 한다. 목표는 당신의 주관적인 욕구에 의한 것이 아닌 파트너와의 정신적인 결합을 이끌어내기 위한 것이어야 한다.

C. 마지막 카드: 결과 이 여정의 끝에는 행운이 기다리고 있을 것이다. 이 카드는 정신적 결합을 통해 행복을 느낄 것이라고 알려주고 있다. 이로 인해, 당신은 관계의 중요성과 성스러운 혼인 서약의 의미에 관해 이해하게 될 것이다.

2. 실전 상담 전문가 TIP

사인	♎ 천칭자리	균형, 조화, 협력, 중재, 평화주의적
행성	♀ 금성	쾌락 추구, 친절함, 관능적, 감성적

사인	♐ 사수자리	이상적, 종교적, 관념적, 낙천적, 지적 추구
행성	♃ 목성	성공, 명예, 균형, 평화, 풍요, 낙관

65. THE SYMBOLON (심볼론)	관계의 의미, 애정운이 좋음, 혼인 서약, 이해를 바탕으로 한 파트너십, 금혼식

66. SADNESS
슬픔

7. 파트너

♎ 천칭자리

♀ 금성

공기(風)

활동궁(카디널) / +

9. 23. ~ 10. 23.

상대방, 관계, 균형,
심볼론, 거울, 파트너

버려짐,
관계 속의 고독함,
슬픔과 애도,
이별해야 할 운명,
미망인

10. 마스터

♑ 염소자리

♄ 토성

흙(地)

활동궁(카디널) / −

12. 21. ~ 1. 20.

합리성, 책임, 운명, 노인,
죽음, 무자비한 주인

1. 실전 상담에서 배열된 카드의 의미

A. 한 장의 카드 혹은 첫 번째 카드: 문제 당신은 현재 진실에서 멀어져 있으며 고통을 참고 있다. 당신의 이러한 행동은 (무의식적으로) 당신을 더 힘들게 한다. 당신의 가까운 친구 중, 당신이 관계로 인한 슬픔을 받아들일 수 있도록 도와줄 수 있는 친구를 찾아야 한다. 당신이 과거의 사랑들을 눈물과 함께 씻어 보낼 준비가 되어있다면 시간은 모든 상처를 치유해줄 것이다.

B. 카드가 연속으로 배열되는 경우: 문제를 통해 해답을 찾는 방법 당신은 이 여정을 통해 관계와 파트너십에 대한 작별을 고해야 한다. 슬픔과 고독이 당신의 마음에 자리 잡을 것이다. 그러나 이 여정은 어둠의 시간을 거치는 동안 당신이 용기를 잃지 않도록 도와줄 것이다. 결국, 좋은 일이든 나쁜 일이든 다 지나갈 일들이다.

C. 마지막 카드: 결과 당신은 여태까지 관계에 대한 책임을 홀로 짊어져 왔다. 여정이 끝나면 지난날 당신 파트너의 행동과 기분에 맞춰주던 당신의 모습은 그냥 환영일 뿐이었다는 것을 깨닫게 될 것이다.

2. 실전 상담 전문가 TIP

사인	♎ 천칭자리	균형, 조화, 협력, 중재, 평화주의적
행성	♀ 금성	쾌락 추구, 친절함, 관능적, 감성적

사인	♑ 염소자리	인내, 끈기, 절제, 고독, 지연, 폐쇄적
행성	♄ 토성	칩거, 은둔, 고독, 한계, 책임감

66. SADNESS (슬픔)	버려짐, 관계 속의 고독함, 슬픔과 애도, 이별해야 할 운명, 미망인

67. SEPARATION
이별

7. 파트너		11. 광대
♎ 천칭자리		♒ 물병자리
♀ 금성		♅ 천왕성
공기(風)	해방, 이혼,	공기(風)
활동궁(카디널) / +	관계로부터 탈출,	고정궁(픽스드) / +
9. 23. ~ 10. 23.	작별, 솔로,	1. 20. ~ 2. 19.
	관계를 형성할 수 없음	
상대방, 관계, 균형,		전달자, 자유, 외부인,
심볼론, 거울, 파트너		진정한 영웅, 황야의 이리

1. 실전 상담에서 배열된 카드의 의미

A. 한 장의 카드 혹은 첫 번째 카드: 문제 두 개의 평행을 달리던 선로가 새로운 계획에 의해 끊어진다는 소식이 당신에게는 달갑지 않다. 이는, 당신이 어긋난 길을 따라 여정을 계속해야 한다는 것을 의미하기 때문이다. 당신은 어떻게 해서든 두 대의 기차가 함께 달릴 수 있도록 모든 힘을 쏟고 있다. 마치 물과 기름이 (일시적으로) 수백 번을 휘젓고 나서야 간신히 섞일 수 있는 것과 같다. 당신은 당신의 사랑을 유지하기 위해 부단한 노력을 하고 있다. 그러나 당신은 모든 것들이 각자 자신의 길을 갈 수 있도록 내버려 두어야 한다.

B. 카드가 연속으로 배열되는 경우: 문제를 통해 해답을 찾는 방법 지금까지 당신의 여정은 나 자신은 거의 찾을 수 없는 "우리"로 가득 찬 여행이었다. 이제부터 당신의 날개를 펴고 당신의 생각에 따라 삶을 살아갈 방법을 터득해야 한다.

C. 마지막 카드: 결과 당신은 누군가와 관계를 맺고 있을 때든 관계를 맺고 있지 않을 때든 자신의 자유를 추구할 수 있을 것이다. 당신은 언제나 자신의 날개를 느낄 수 있을 것이다.

2. 실전 상담 전문가 TIP

사인	♎ 천칭자리	균형, 조화, 협력, 중재, 평화주의적
행성	♀ 금성	쾌락 추구, 친절함, 관능적, 감성적

사인	♒ 물병자리	독창적, 무질서, 부주의, 혁명, 독립, 자유 추구
행성	♅ 천왕성	독특함, 새로움 추구, 돌발적, 기발함

67. SEPARATION (이별)	해방, 이혼, 관계로부터 탈출, 작별, 솔로, 관계를 형성할 수 없음

68. THE KING'S TWO CHILDREN
왕의 두 자녀

7. 파트너		12. 천사
♎ 천칭자리		♓ 물고기자리
♀ 금성		♆ 해왕성
공기(風)		물(水)
활동궁(카디널) / +		변통궁(뮤터블) / −
9. 23. ~ 10. 23.		2. 19. ~ 3. 20.

로맨틱한 관계,
이상적인 파트너(소울메이트),
친족 관계가 아님,
하나가 된다는 환상,
사랑의 꿈

상대방, 관계, 균형, 심볼론, 거울, 파트너	진실, 성스러운 휘광, 지혜, 직감, 환상

1. 실전 상담에서 배열된 카드의 의미

A. 한 장의 카드 혹은 첫 번째 카드: 문제 당신은 관계의 환상에 사로잡혀 있다. 당신의 갈망은 영혼의 비옥한 땅을 오염시키고 있다. 고독이라는 감정은 차단해 버리고 당신을 어디론가 데려가지도, 따뜻하게 해주지도 않는 마법의 양탄자를 계속해서 만들기만 하고 있다.

B. 카드가 연속으로 배열되는 경우: 문제를 통해 해답을 찾는 방법 환상에서 깨어나는 것만이 문제를 해결하는 방법이다. 사랑과 파트너십에 대한 갈망은 당신에게 동기를 부여하고 당신을 성장하게 하는 원동력일 뿐이다. 당신 스스로 거품을 터뜨리지 않는다면, 당신이 만든 환영 속에서 길을 잃게 될 것이다.

C. 마지막 카드: 결과 당신은 이제 당신의 충족되지 않은 욕망이 특별한 목적을 가지고 있다는 것을 알게 됐다. 그것은 당신의 그리움을 자아내고 당신이 그리움의 대상을 찾기 위해 세상 밖으로 나가도록 조장한다. 이것이 당신을 삶의 비밀의 길로 이끄는 것이다. 우리 모두는 더 큰 전체의 일부분이며 통합되기를 열망한다.

2. 실전 상담 전문가 TIP

사인	♎ 천칭자리	균형, 조화, 협력, 중재, 평화주의적
행성	♀ 금성	쾌락 추구, 친절함, 관능적, 감성적

사인	♓ 물고기자리	공감 능력, 감정이입, 차분함, 연민
행성	♆ 해왕성	몽상, 신비, 포용력, 예민함, 초월적

68. THE KING'S TWO CHILDREN (왕의 두 자녀)	로맨틱한 관계, 이상적인 파트너(소울메이트), 친족 관계가 아님, 하나가 된다는 환상, 사랑의 꿈

69. BLACK MASS
광신도

8. 유혹자

♏ 전갈자리

♇ 명왕성

물(水)

고정궁(픽스드) / −

10. 23. ~ 11. 22.

악마, 상상력, 생각,
자살, 의무, 집착,
광신, 지하 세계

우상숭배,
종교적이고 난해한 교리,
확고한 믿음, 긍정적인 생각,
극단적인 지지자,
완전한 신념

9. 설교자

♐ 사수자리

♃ 목성

불(火)

변통궁(뮤터블) / +

11. 22. ~ 12. 21.

성직자, 선교사,
내면의 치료사, 믿음,
통찰력, 철학적 세계관

1. 실전 상담에서 배열된 카드의 의미

A. 한 장의 카드 혹은 첫 번째 카드: 문제 당신은 현재 진리를 발견했다는 믿음과 통찰력을 잃어버린 상태다. 그러나 진리라고 생각했던 그 진실은 당신을 그저 바보처럼 만들 뿐이다. 당신은 영적인 덫에 걸려 있다.

B. 카드가 연속으로 배열되는 경우: 문제를 통해 해답을 찾는 방법 당신은 잠시 동안 계몽과 같은 이론적인 사례에 집중할 필요가 있다. 이론적인 사례를 찾지 않는다면, 당신은 통찰력을 얻을 수 없을 것이고 영적인 덫에 계속 갇혀 있을 수밖에 없을 것이다. 그러나 (일정 기간이 지나면) 당신은 이 사례로 인해 융통성이 없어질 수 있고 또 다른 덫에 걸릴 수 있다는 것을 명심해야 한다.

C. 마지막 카드: 결과 이제 당신은 죽은 것들과 어떻게 (영적으로) 연결되어야 한다는 것을 이해할 수 있게 되었을 것이다. 그 자체가 통찰력이다. 즉, 당신이 그 연결고리를 끊어내야 한다는 것이다. 당신이 알고 있어야 할 점은 당신이 이제까지 침체된 상태였다는 것이다. 당신 주위에 있던 그 유령들은 저절로 사라질 것이다.

2. 실전 상담 전문가 TIP

사인	♏ 전갈자리	통찰력, 신비스러움, 민감함, 시선을 사로잡는 마력
행성	♇ 명왕성	영향력, 치밀함, 비밀스러움, 자신만의 질서

사인	♐ 사수자리	이상적, 종교적, 관념적, 낙천적, 지적 추구
행성	♃ 목성	성공, 명예, 균형, 평화, 풍요, 낙관

69. BLACK MASS (광신도)	우상숭배, 종교적이고 난해한 교리, 확고한 믿음, 긍정적인 생각, 극단적인 지지자, 완전한 신념

70. DEPRESSION
침체

8. 유혹자

♏ 전갈자리

♇ 명왕성

물(水)

고정궁(픽스드) / −

10. 23. ~ 11. 22.

악마, 상상력, 생각,
자살, 의무, 집착,
광신, 지하 세계

덫에 걸림, 망연자실,
레테의 방, 망각의 의자,
영혼의 어두운 면

10. 마스터

♑ 염소자리

♄ 토성

흙(地)

활동궁(카디널) / −

12. 21. ~ 1. 20.

합리성, 책임, 운명, 노인,
죽음, 무자비한 주인

1. 실전 상담에서 배열된 카드의 의미

A. 한 장의 카드 혹은 첫 번째 카드: 문제 당신은 현재 망연자실해 있다. 이 문제에 관여하고 있는 내면의 페르소나를 찾는 것 이외에 당신이 할 수 있는 일은 없다. 당신은 현재 진실과 마주하는 것을 피하기 위해 "망각의 의자"에 앉아있다. 당신이 받아들이기를 원하지 않는 무엇인가가 있고 그것에 대한 대가는 어둠과 공허함이다.

B. 카드가 연속으로 배열되는 경우: 문제를 통해 해답을 찾는 방법 당신은 이 여정에서 내면의 영역인 망연자실을 또 느끼게 될 것이며 망각의 방을 거쳐야 한다. 이를 통해, 당신은 기억해 낼 수 있다. 당신이 무엇을 보든 간에 베르길리우스의 말을 떠올려라. 베르길리우스는 단테가 지하 세계를 지나갈 수 있도록 인도하면서 다음과 같은 말을 하였다. "앞을 내다보고 그 길을 계속 따라가라."

C. 마지막 카드: 결과 당신의 여정은 고단했지만 이제 터널 끝에 빛이 보일 것이다. 천천히 오랫동안 흘러온 삶의 과정에 의해 오래된 것들은 변했고 이제 무(無)에서 창조된 새 생명이 당신을 기다리고 있다.

2. 실전 상담 전문가 TIP

사인	♏ 전갈자리	통찰력, 신비스러움, 민감함, 시선을 사로잡는 마력
행성	♇ 명왕성	영향력, 치밀함, 비밀스러움, 자신만의 질서

사인	♑ 염소자리	인내, 끈기, 절제, 고독, 지연, 폐쇄적
행성	♄ 토성	칩거, 은둔, 고독, 한계, 책임감

70. DEPRESSION (침체)	덫에 걸림, 망연자실, 레테의 방, 망각의 의자, 영혼의 어두운 면

71. THE PHOENIX
불사조

8. 유혹자		11. 광대
♏ 전갈자리		♒ 물병자리
♇ 명왕성		♅ 천왕성
물(水)		공기(風)
고정궁(픽스드) / −		고정궁(픽스드) / +
10. 23. ~ 11. 22.		1. 20. ~ 2. 19.

변태(변형),
영적인 새의 해방,
죽음과 부활(죽음과 재탄생),
방향 감각 상실, 붕괴

악마, 상상력, 생각,
자살, 의무, 집착,
광신, 지하 세계

전달자, 자유, 외부인,
진정한 영웅, 황야의 이리

1. 실전 상담에서 배열된 카드의 의미

A. 한 장의 카드 혹은 첫 번째 카드: 문제 당신은 현재 죽을 운명인 아주 낡은 생각과 패턴에 집착하고 있다. 어떤 의미에서는, 당신이 "죽음"에 관한 무언가에 집착하고 있는 것으로 보일 수 있다.

B. 카드가 연속으로 배열되는 경우: 문제를 통해 해답을 찾는 방법 당신의 삶과 관련된 모든 것들은 시시각각 변한다. 당신은 이 여정을 통해 죽음의 과정을 겪어야 한다. 그 과정은 마치 불사조가 재생하는 것과 같다. 당신이 낡은 것들을 버릴 준비가 되어있다면 이 여정을 떠날 수 있다.

C. 마지막 카드: 결과 불사조는 과거의 폐허로부터 화려하게 부상한다. 삶의 한 단계는 끝이 났다. 당신의 영혼은 당신의 완고함에서 이제 해방되어 자유롭게 날고 있다.

2. 실전 상담 전문가 TIP

사인	♏ 전갈자리	통찰력, 신비스러움, 민감함, 시선을 사로잡는 마력
행성	♇ 명왕성	영향력, 치밀함, 비밀스러움, 자신만의 질서

사인	♒ 물병자리	독창적, 무질서, 부주의, 혁명, 독립, 자유 추구
행성	♅ 천왕성	독특함, 새로움 추구, 돌발적, 기발함

71. THE PHOENIX (불사조)	변태(변형), 영적인 새의 해방, 죽음과 부활(죽음과 재탄생), 방향 감각 상실, 붕괴

72. THE FALSE HALO
거짓 후광

8. 유혹자	선악(양극성), 천국의 개념, 위선, 타락 천사, 공평함	12. 천사
♏ 전갈자리		♓ 물고기자리
♇ 명왕성		♆ 해왕성
물(水)		물(水)
고정궁(픽스드) / –		변통궁(뮤터블) / –
10. 23. ~ 11. 22.		2. 19. ~ 3. 20.
악마, 상상력, 생각, 자살, 의무, 집착, 광신, 지하 세계		진실, 성스러운 휘광, 지혜, 직감, 환상

1. 실전 상담에서 배열된 카드의 의미

A. 한 장의 카드 혹은 첫 번째 카드: 문제 어둠의 천사가 당신을 속이고 있다. 물론 빛의 옷을 걸친 채, 당신의 스승 혹은 고상한 관계의 형태로 독실하고 경건하게 살아가는 모습을 보인다. 그는 당신을 유인하기 위해 당신의 코앞에 당근을 흔들고 있다. 그러나 당신은 선을 위한 행동이 그에게서 벗어나는 방법이라는 것을 깨닫지 못하고 있다.

B. 카드가 연속으로 배열되는 경우: 문제를 통해 해답을 찾는 방법 이 배움의 여정은 당신에게 고통스러울 수 있다. 즉, 어떠한 이미지도 창조되지 않는다. 모든 이미지는 고상해 보이더라도 당신의 자아가 만든 환상이며 당신의 영혼을 해치기만 할 뿐이다. 이제 당신에게 드리운 그림자를 벗어나 이미지와 상상에 의한 가면을 벗어야 할 때가 왔다.

C. 마지막 카드: 결과 어둠이 없다면 빛도 없으며 빛이 없으면 어둠도 없을 것이라는 것을 이해하게 될 것이다. 모든 요소는 통합되어 있고 이제 편협한 사고를 버릴 때가 왔다.

2. 실전 상담 전문가 TIP

사인	♏ 전갈자리	통찰력, 신비스러움, 민감함, 시선을 사로잡는 마력
행성	♇ 명왕성	영향력, 치밀함, 비밀스러움, 자신만의 질서

사인	♓ 물고기자리	공감 능력, 감정이입, 차분함, 연민
행성	♆ 해왕성	몽상, 신비, 포용력, 예민함, 초월적

72. THE FALSE HALO (거짓 후광)	선악(양극성), 천국의 개념, 위선, 타락 천사, 공평함

73. CONFESSION
고해

9. 설교자		10. 마스터
♐ 사수자리		♑ 염소자리
♃ 목성		♄ 토성
불(火)		흙(地)
변통궁(뮤터블) / +		활동궁(카디널) / −
11. 22. ~ 12. 21.		12. 21. ~ 1. 20.
성직자, 선교사, 내면의 치료사, 믿음, 통찰력, 철학적 세계관		합리성, 책임, 운명, 노인, 죽음, 무자비한 주인

자백, 주관성의 정화,
치유사의 책임감(성직자),
운명에 대한 통찰력,
주관성과 객관성의 연결

1. 실전 상담에서 배열된 카드의 의미

A. 한 장의 카드 혹은 첫 번째 카드: 문제 **당신의 영혼은 현재 외부세계와 관련된 짐을 짊어지고 있다. 당신은 고백해야 한다. 이러한 행동이 당신의 지위를 훼손한다고 생각하는가? 당신은 늘 자신이 옳다고 생각한다. 그러나 다른 사람들은 당신이 깨우친 사람이 아니라는 것을 알게 될 것이다.**

B. 카드가 연속으로 배열되는 경우: 문제를 통해 해답을 찾는 방법 **죄책감에 대해서만 얘기하는 것으로는 충분하지 않다. 자신의 죄책감을 묘사할 수 있어야 하며 이것이 당신의 여정을 위해 필요한 부분이다. 당신이 행했던 모든 나쁜 행위들에 대해 고백해야만 한다. 물론, 이것은 당신의 명예를 훼손할 수도 있다.**

C. 마지막 카드: 결과 **당신이 지은 죄로 인해 당신은 고백하게 된다. 이러한 행동들은 당신의 자아를 약하게 하고 신의 영광을 부른다.**

2. 실전 상담 전문가 TIP

사인	♐ 사수자리	이상적, 종교적, 관념적, 낙천적, 지적 추구
행성	♃ 목성	성공, 명예, 균형, 평화, 풍요, 낙관

사인	♑ 염소자리	인내, 끈기, 절제, 고독, 지연, 폐쇄적
행성	♄ 토성	칩거, 은둔, 고독, 한계, 책임감

73. CONFESSION (고해)	자백, 주관성의 정화, 치유사의 책임감(성직자), 운명에 대한 통찰력, 주관성과 객관성의 연결

74. THE QUANTUM LEAP
양자 도약

9. 설교자		11. 광대
♐ 사수자리		♒ 물병자리
♃ 목성		♅ 천왕성
불(火)		공기(風)
변통궁(뮤터블) / +		고정궁(픽스드) / +
11. 22. ~ 12. 21.		1. 20. ~ 2. 19.
성직자, 선교사, 내면의 치료사, 믿음, 통찰력, 철학적 세계관		전달자, 자유, 외부인, 진정한 영웅, 황야의 이리

패러다임의 변화,
미지의 세계로 도약, 산야신,
종교적 교리로부터의 해방,
지붕 위의 얼간이,
무(無)에 대한 지식

1. 실전 상담에서 배열된 카드의 의미

A. 한 장의 카드 혹은 첫 번째 카드: 문제 당신은 현재 방향을 잃어 혼란스러워하고 있다. 낡은(오래된) 곳에 머물러 있기보다는 도약하려 하지만 용기가 부족하다.

B. 카드가 연속으로 배열되는 경우: 문제를 통해 해답을 찾는 방법 당신은 어딘가로 도약해야만 한다. 낡은 것은 버려둔 채, 당신의 의식은 한 단계 높은 차원으로 향상되었다. 그러나 이러한 도약은 언제나 위험을 수반한다. 예로, 당신의 친구들이 당신을 미쳤다고 생각하거나 당신과는 아무것도 하지 않으려고 하는 경우들 말이다.

C. 마지막 카드: 결과 당신은 오래된 것과는 전혀 다른 새로운 의미를 발견하게 될 것이다. 당신은 자신을 잘 이해해주는 새로운 친구들과 삶의 새로운 영역을 발견하게 되었다. 당신은 도약할 것이다.

2. 실전 상담 전문가 TIP

사인	♐ 사수자리	이상적, 종교적, 관념적, 낙천적, 지적 추구
행성	♃ 목성	성공, 명예, 균형, 평화, 풍요, 낙관

사인	♒ 물병자리	독창적, 무질서, 부주의, 혁명, 독립, 자유 추구
행성	♅ 천왕성	독특함, 새로움 추구, 돌발적, 기발함

74. THE QUANTUM LEAP (양자 도약)	패러다임의 변화, 미지의 세계로 도약, 산야신, 종교적 교리로부터의 해방, 지붕 위의 얼간이, 무(無)에 대한 지식

75. PYTHIA
피티아

9. 설교자		12. 천사
♐ 사수자리		♓ 물고기자리
♃ 목성		♆ 해왕성
불(火)	직감, 신탁을 받은 여사제, 운세, 점성술(별자리를 해석함)	물(水)
변통궁(뮤터블) / +		변통궁(뮤터블) / −
11. 22. ~ 12. 21.		2. 19. ~ 3. 20.
성직자, 선교사, 내면의 치료사, 믿음, 통찰력, 철학적 세계관		진실, 성스러운 휘광, 지혜, 직감, 환상

1. 실전 상담에서 배열된 카드의 의미

A. 한 장의 카드 혹은 첫 번째 카드: 문제 당신은 현재 누군가가 당신에게 했던 조언과 예언에 집착하고 있다. 당신은 덫에 걸리고 말았다. 당신은 영혼의 감로수를 자신이 아닌 다른 곳에 뿌리고 있다. 이로 인해, 당신의 직감에 활력을 불어넣는 자원들은 메마르게 된다. 당신은 이러한 방식으로 절대 문제 해결을 할 수 없다.

B. 카드가 연속으로 배열되는 경우: 문제를 통해 해답을 찾는 방법 당신은 지금 당장은 아니더라도 언젠가 계시를 받는다. 문제 해결을 위한 진지한 생각은 당신의 진정한 영적 인식을 깨우게 된다. 훗날 직감을 활용해 해결방법을 찾으려고 한다면 이 방법은 당신의 영혼에 지대한 영향을 미치게 된다. 즉, 외부세상에서 해결 방법을 찾으려 하는 것이 아닌 내면에 존재하는 성직자에게 질문을 던지는 것을 말한다.

C. 마지막 카드: 결과 오래된 격언에 따르면 "어떤 것에 대한 의미를 알고자 하는 한 당신은 절대 그 의미를 알 수 없을 것이다." 그것은 이미지로 이해될 뿐 말로써 이해할 수 없는 것이기 때문이다. 당신이 지성에 의존하는 만큼 당신의 직감을 믿고 의존할 수 있는 방법을 배우게 될 것이다.

2. 실전 상담 전문가 TIP

사인	♐ 사수자리	이상적, 종교적, 관념적, 낙천적, 지적 추구
행성	♃ 목성	성공, 명예, 균형, 평화, 풍요, 낙관

+

사인	♓ 물고기자리	공감 능력, 감정이입, 차분함, 연민
행성	♆ 해왕성	몽상, 신비, 포용력, 예민함, 초월적

⬇

75. PYTHIA (피티아)	직감, 신탁을 받은 여사제, 운세, 점성술(별자리를 해석함)

76. CAPTIVITY
감금

10. 마스터	11. 광대
♑ 염소자리	♒ 물병자리
♄ 토성	♅ 천왕성
흙(地)	공기(風)
활동궁(카디널) / −	고정궁(픽스드) / +
12. 21. ~ 1. 20.	1. 20. ~ 2. 19.
합리성, 책임, 운명, 노인, 죽음, 무자비한 주인	전달자, 자유, 외부인, 진정한 영웅, 황야의 이리

과도한 압박, 주사위,
긴장, 시한폭탄, 강요

1. 실전 상담에서 배열된 카드의 의미

A. 한 장의 카드 혹은 첫 번째 카드: 문제 당신은 현재 감옥에서 죄수처럼 자신이 처한 상황으로 인해 상당한 스트레스를 받고 있다. 당신이 창살을 흔들수록 더 옥죄게 된다.

B. 카드가 연속으로 배열되는 경우: 문제를 통해 해답을 찾는 방법 당신은 자유와 책임 중 하나를 선택해야 한다. 둘의 의미를 외부세상에서 찾으려 하지 말고 자신의 내면을 통해 의미를 이해하려고 해야 한다.

C. 마지막 카드: 결과 이미 주사위는 던져졌다. 당신은 자유를 얻지만, 이러한 자유를 누릴 수 있는 유일한 방법은 당신의 여정을 변경할 수 없다는 것에 대해 깨닫는다.

2. 실전 상담 전문가 TIP

사인	♑ 염소자리	인내, 끈기, 절제, 고독, 지연, 폐쇄적
행성	♄ 토성	칩거, 은둔, 고독, 한계, 책임감

+

사인	♒ 물병자리	독창적, 무질서, 부주의, 혁명, 독립, 자유 추구
행성	♅ 천왕성	독특함, 새로움 추구, 돌발적, 기발함

⬇

76. CAPTIVITY (감금)	과도한 압박, 주사위, 긴장, 시한폭탄, 강요

77. MOIRA
운명의 여신, 모이라

10. 마스터		12. 천사
♑ 염소자리		♓ 물고기자리
♄ 토성		♆ 해왕성
흙(地)		물(水)
활동궁(카디널) / –	운명에 수긍함,	변통궁(뮤터블) / –
12. 21. ~ 1. 20.	지혜, 격노,	2. 19. ~ 3. 20.
	운명의 힘 앞에서 무기력해짐	
합리성, 책임, 운명, 노인,		진실, 성스러운 휘광,
죽음, 무자비한 주인		지혜, 직감, 환상

1. 실전 상담에서 배열된 카드의 의미

A. 한 장의 카드 혹은 첫 번째 카드: 문제 당신은 현재 운명과 전쟁 중이다. 그러나 이러한 당신의 여정은 당신을 더욱더 단단하게 만들고 강하게 만들어 준다. 당신은 지금 상당히 적대적인 태도를 가지고 있기 때문에 아무도 당신에게 접근할 수 없다.

B. 카드가 연속으로 배열되는 경우: 문제를 통해 해답을 찾는 방법 당신은 내적 선택으로 인해 고민하고 있다. 이 문제를 해결하기 위한 2가지 방법은 다음과 같다. 첫째, 당신이 당신의 환경에 순응(수용)하고 조화를 이루며 살아가는 것이다. 둘째, 거절하고 강해지는 것이다. 그러나 당신은 이 과정에서 타인(자기 자신, 타인, 자신의 운명)을 용서할 수 있는 기회를 놓치게 될 수도 있다. 지혜와 고통은 당신의 영혼을 차지하기 위해 싸우고 있다.

C. 마지막 카드: 결과 이 과정을 통해 당신은 운명의 여신(모이라)이 되었다. 당신은 자신의 운명과 격렬하게 싸우는 사람들과 외부세상을 지혜와 자비로운 마음으로 바라볼 수 있게 될 것이다. 당신의 지혜는 어려운 시기를 보내는 사람들에게 희망이 될 수 있을 것이다.

2. 실전 상담 전문가 TIP

사인	♑ 염소자리	인내, 끈기, 절제, 고독, 지연, 폐쇄적
행성	♄ 토성	칩거, 은둔, 고독, 한계, 책임감

사인	♓ 물고기자리	공감 능력, 감정이입, 차분함, 연민
행성	♆ 해왕성	몽상, 신비, 포용력, 예민함, 초월적

77. MOIRA (운명의 여신, 모이라)	운명에 수긍함, 지혜, 격노, 운명의 힘 앞에서 무기력해짐

78. THE QUESTION
OF THE GRAIL
성배의 문제

11. 광대		12. 천사
≈ 물병자리		♓ 물고기자리
⛢ 천왕성		♆ 해왕성
공기(風)		물(水)
고정궁(픽스드) / +		변통궁(뮤터블) / −
1. 20. ~ 2. 19.		2. 19. ~ 3. 20.

구제의 문제, 영원한 탐색,
잃어버린 지식, 집단 무의식,
원형의 깊이, 근본적인 원인,
신을 탐구함

전달자, 자유, 외부인,		진실, 성스러운 휘광,
진정한 영웅, 황야의 이리		지혜, 직감, 환상

1. 실전 상담에서 배열된 카드의 의미

A. 한 장의 카드 혹은 첫 번째 카드: 문제 당신은 잘못된 질문을 하고 있다. 즉, 당신은 종종 완전한 실패를 경험한다. 다각적인 접근이 필요한 질문에 명확한(쉬운) 답을 내리기를 원한다. 그러나 이는 결국 당신을 잘못된(다람쥐 쳇바퀴만 돌리게 하는 식) 길로 인도할 것이다. 당신의 방식을 버리고 새로운 질문을 찾아야 한다.

B. 카드가 연속으로 배열되는 경우: 문제를 통해 해답을 찾는 방법 당신은 여정을 하면서 "빛"의 초점을 다시 조정해야 할 것이다. 주관적인 것은 문제가 되지 않는다. 그러나 객관적으로 사실을 직시할 필요가 있으며 더 이상 질문에 대한 해답을 찾지 않기 위해 용기가 필요하다. 이러한 과정을 통해 당신은 현실적인 선택을 할 수 있게 될 것이다.

C. 마지막 카드: 결과 당신은 지금 그 어떤 해답도 없는 곳에 도달했다는 것을 알고 있을 것이다. 고요함이 당신의 주변을 감싸고 있다. 당신은 객관적인 힘을 신뢰하고 배움의 과정이 녹록지 않다는 것을 다시 한번 더 느꼈을 것이다.

2. 실전 상담 전문가 TIP

사인	≈ 물병자리	독창적, 무질서, 부주의, 혁명, 독립, 자유 추구
행성	⛢ 천왕성	독특함, 새로움 추구, 돌발적, 기발함

+

사인	♓ 물고기자리	공감 능력, 감정이입, 차분함, 연민
행성	♆ 해왕성	몽상, 신비, 포용력, 예민함, 초월적

⬇

78. THE QUESTION OF THE GRAIL (성배의 문제)	구제의 문제, 영원한 탐색, 잃어버린 지식, 집단 무의식, 원형의 깊이, 근본적인 원인, 신을 탐구함

2. 심볼론 카드 실전 상담

지금까지 파악한 심볼론의 내용을 기반으로 실전에 접목할 수 있는 상담 실습을 연습해 본다. 카드의 개념을 파악한 이유는 실전에 정확히 접목하여 정확한 상담을 하며 내담자에게 올바른 조언과 코치를 하기 위함이라고 할 수 있다. 그러므로 심볼론 실전 상담의 내용은 개념의 의미를 되새겨가며 완벽히 잘 이해해야 할 필요가 있다.

특히, 타로 상담에서 기본 배열법으로 가장 많이 사용되는 세 장의 카드를 선택, 배열하는 쓰리 카드 스프레드에 대해 풍부한 실전 상담을 전문적으로 세세히 다루어본다. 심볼론 카드에서 쓰리 카드 배열법 역시, 심볼론 제작자가 특히 강조하고 있는 배열법이다. 더불어, 처음 단계부터 쓰리 카드를 접목하기 어려운 독자를 위해 기초 단계에서 진행할 수 있는 한 장의 카드를 선택, 배열하는 원 카드 스프레드에 대해 간단히 살펴봄으로써, 기초를 다져보도록 한다.

물론 실전 고급상담의 종합적인 내용은 추후 출간될 예정인 저자의 저서를 참고하면 좋을 듯하다. 또한, 종합적인 타로카드의 개념 및 내용을 공부하기 원하는 독자들은 저자의 대표서인 타로카드 상담전문가, 칼라 심리&상담카드, 타로 상담전문가 프레젠테이션(해드림출판사, 최지원 외), 데카메론 타로카드 상담전문가(하움출판사, 최지원 외)를 참고하면 많은 도움이 되리라 생각된다.

해당 실전 상담 연습 편에 전문 상담가가 기록되어 있는 것은 심볼론 공저&트레이너가 수강생과 독자들을 위해 특별히 상담, 작성한 내용이다. 특히, 전문가인 심볼론 공저 & 트레이너가 타로 상담전문가를 꿈꾸고 있는 수강생과 독자들에게 전하는 귀중한 조언을 수록했다.

실전 상담 연습 (기본)

사례 1 저는 회의 시간에 저의 의견에 대해 반대 의견을 제시하는 사람들과 꼭 트러블을 유발하게 됩니다. 대체 무슨 이유인가요? (30대 중반의 여성)

상담 내담자가 트러블을 유발하는 근본적인 원인은 자신의 의견에 반대하는 사람들에 대한 분노와 공격성입니다. 트러블을 유발하게 되는 때는 바로 그런 자신의 분노와 공격성을 인지하지 못하고 있거나 인정하지 못하고 있는 상태입니다. 그 분노와 공격성을 보이는 이유는 본인의 의견에 반대하는 상대의 의견을 인정한다면 비겁하다고 느끼기 때문이며, 공격성을 통해 트러블을 유발하는 것을 진정한 용기로 알고 있기 때문입니다.

조언&코칭 당신은 페르소나에 어떤 일이 발생했는지, 왜 공격적인 성향을 보이는지 한번 심도 있게 생각해 봐야 할 필요가 있습니다. 그런 과정을 통해 자신의 분노와 공격성을 인지하지 못하고 있거나 인정하지 못하고 있는 상태를 이해하게 될 것입니다. 그로 인해, 현재 상황에서 벗어날 수 있을 것이며, 참다운 용기를 이해하게 될 것입니다.

사례 2 패션 회사에서 11년간 MD(머천다이저)로 일하다 얼마 전 퇴사했습니다. 플라워 카페를 여는 것이 오랜 꿈이었는데 막상 시작하려니 망설여지네요. 게다가 아는 선배로부터 다니는 회사에 경력직으로 와달라는 제안을 받아 고민입니다. 플라워 카페를 하려는 마음과 다시 회사 입사를 고민하는 마음은 어떤 마음인 걸까요? [40대 초반 여성, 상담자: 추주연(심볼론 공저 & 트레이너)]

회사 입사 시   플라워 카페 선택 시

전문 상담 회사에 입사하는 것은 내담자에게 안정적이고 경제적으로 풍요로운 생활을 보장합니다. 일에 헌신하고 성과를 거두어 능력을 인정받고 신뢰를 받는 회사 생활이 될 것입니다. 한편, 회사의 틀 안에 얽매여 회사에서 요구하는 대로 일을 해내야 하니 구속당하는 듯 답답한 마음이 클 것입니다. 내담자가 플라워 카페를 열려는 것은 틀과 속박으로부터 벗어나 자유롭게 살고 싶다는 마음입니다. 내담자는 감수성이 풍부하고 공감하는 능력이 뛰어나 플라워 카페를 통해 사람들과 소통하는 삶이 될 것입니다. 그런데 막연하고 비현실적인 계획으로 여겨져 걱정되고 불안한 마음입니다. 내담자가 진정으로 바라는 것이 무엇인지 살피는 것이 중요합니다. 내담자가 바라는 삶의 모습은 세상의 시선이 아닌 스스로 내면을 살펴봄으로써 찾을 수 있습니다.

조언&코칭 내담자가 자신의 내면을 살펴 삶의 길을 현명하게 선택해 나아가려는 마음을 낸 것이 반갑습니다. 회사 생활에서 내담자가 느끼는 감정과 생각들이 무엇인지 직면하고 탐색할 필요가 있습니다. 또, 플라워 카페를 여는 것이 내담자가 추구하는 삶의 모습과 어떻게 맞닿아 있는지 살펴보는 것이 필요합니다. 내담자의 내면 성찰을 통해 진정 바라는 삶의 모습을 선택하시기 바랍니다. 또한, 선택으로 인해 포기해야 하는 부분과 선택에 대한 책임을 분명히 알고 실질적인 노력을 피하지 않고 해나가시기 바랍니다.

사례 3 저는 20대 이후 자가면역성 질환의 하나인 강직성 척추염으로 고통을 겪고 있습니다. 2년 전부터는 구내염이 매우 심하여 약국에서 약을 처방하여 먹고 있습니다. 대체의학 강의도 듣고 불경을 들으며 산책을 하거나 산을 오르면서 몸을 관리하고 있습니다. 저는 가족들에게 폐를 끼치지 않으려고 만일에 생길 불상사를 대비해 돈도 많이 벌었고, 더 벌고 싶습니다. 저는 아픈 몸이 제 인생의 과제입니다. [50대 남성, 상담자 : 김건숙(심볼론 공저 & 트레이너)]

전문 상담 몸이 통증으로 고통스러운데도 불구하고 가족에게 폐를 끼치

지 않으려고 물질적 부를 쌓으려고 얼마나 노력하셨는지가 엿보입니다. 내담자께서는 이 이미지를 보고서 가족을 나타내는 것처럼 보여지며, 아이들이 현재 자신의 손주처럼 느껴진다고 하시면서, 손주나 자식에게 주는 것은 하나도 아깝지 않고 자손들이 자신처럼 젊어서부터 고생하지 않고 경제적으로 번성하고 풍요로웠으면 하는 바람을 말씀하셨습니다. 그리고 남자는 자기 주도적이어야 하고 다른 사람에게 자신의 약한 모습을 보여서는 안 되고, 받기보다는 주는 것이 강한 남자이고 이상적이라고 말씀하셨습니다. 그러나 내담자께서는 자신의 강한 모습뿐만 아니라 약한 모습도 자기 자신이라는 것을 받아들이실 필요가 있습니다. 사랑의 경우도 마찬가지로 주기도 하고 받기도 하는 것이 진정한 사랑이라고 생각됩니다. 내담자의 파트너이신 사모님과 사이에서 동등하게 사랑을 주고받고 있는지 생각해 볼 필요가 있습니다. 아니면 서로 소통하고 함께하기보다는 자기 자신하고만 사랑하는가에 대해서 한 번 살펴보시기 바랍니다. 진정한 파트너십은 기쁠 때나 슬플때나 경직되지 않고 유연한 태도로 동등하게 사랑을 주고받는 것입니다.

조언&코칭 자신의 몸을 위해 산책하고 대체의학 강의를 듣는 시도는 좋아 보입니다. 이와 함께 다른 사람과 정서를 같이 나누고 함께하는 시간을 많이 가지셨으면 합니다. 물질적 풍요뿐만 아니라 다른 사람과 특히 사모님과 친밀감을 서로 나누고 소통하는 태도는 내담자분께 정신적인 풍요를 안겨드릴 수 있습니다. 보이는 물질적인 것뿐만 아니라 보이지 않은 정서적인 따뜻함도 훌륭한 정신적 재산이라 생각됩니다. '남자는 강해야 하고, 약한 모습을 보여서는 안된다.'는 강박적인 사고에서 빠져나와 일상생활에서 가족과 소통하며 소소한 행복을 함께 느끼셨으면 합니다.

실전 상담 연습 (중급)

사례 4 저는 다른 사람들보다 학위 욕심이 많습니다. 수학교육으로 박사를 수료하고 다시 교육학(교육심리&상담)으로 이번 학기에 박사를 수료하게 되었습니다. 두 개의 전공 박사 학위 논문을 모두 준비해야 할까요? (40대 후반의 남성)

전문 상담 문제 당신은 현재 학위만이 최고라고 생각하며, 당신 주변에 벽을 쌓으며 안정을 추구하고 있습니다. 하지만 이것은 마치 감금된 노예와 같으며, 현재 과도함이 중요한 문제 상황입니다. 당신은 안정을 추구하기 위해 "학위는 더 많을수록 더 좋은 것"이라고 생각하고 있지만 이것으로 인해 더욱 복잡함과 어려움에 당면할 수 있습니다. 해결 방법 당신은 목표를 다시 조정해야 할 것입니다. 본인 주관을 벗어나 객관적으로 사실을 직시할 필요가 있으며 질문에 대한 해답을 찾지 않기 위해 더욱 용기가 필요합니다. 이러한 과정을 통해 당신은 현실적인 선택을 할 수 있게 될 것입니다. 결과 노력은 가치 있는 것이며 풍요는 넘쳐흐르고 있습니다. 당신의 통찰력은 다시 살아날 것이며 행운을 맞이하게 될 것입니다.

조언&코칭 우리 삶에서 모든 것을 다 취하기는 어렵습니다. 미련이 남을 수 있으나 최선의 결과를 위해 적절한 덜어냄이 필요합니다.

사례 5 모든 일을 하면 끝을 보아야 직성이 풀리고 결과가 나와야 마음이 놓이는 교사입니다. 저의 직업이 교사라 정년퇴직 후에도 걱정이 없겠다고 주위에서 부러워들 하고 있으나 저 자신이 바라보는 미래는 무엇인가 부족한 듯하여 계속 무슨 일인가를 하려고 하다 보니 몸이 고달픈 것 같습니다. 어떻게 해야 할까요? [50대 중반의 여성, 상담자: 장선순(심볼론 공저 & 트레이너)]

전문 상담 문제 모든 일에 적극적으로 참여하고 열심히 하려고 하나 너무 지나치게 노력하다 보니 정신적으로 스트레스를 받고, 남보다 무엇인가를 더 많이 해야 부족한 부분이 채워진다고 생각하고 있습니다. 기본적인 안정을 추구하기 위해서는 내려놓고 갈 것들은 내려놓고 가야 할 것 같습니다. 해결 방법 상담자분은 매우 현실적이고 중요하다고 생각하면 에너지를 다 쏟아서 모든 것들을 완벽하게 하려는 성향입니다. 혼자 모든 일을 하려면 그 책임감과 부담감이 더 크게 다가올 것이며 결국 그 스트레스로 힘들어질 수 있습니다. 모든 것을 혼자서 해결하려 하지 마시고 주위 사람들과 교류하며 모든 일을 처리할 때 소통과 대화로 나의 마음을 표현해 보는 것도 좋을 것 같습니다. 결과 그렇게 하면 모든 일이 잘 풀리고 지혜를 발휘 할 수 있으며 이성적으로 생각하고 현재 자신의 상황을 정확하게 파악할 수 있을 것입니다. 현실적으로 실천할 수 있는 계획을 세우고 행동으로 옮긴다면 삶의 한 단계를 업할 수 있을 것 같습니다.

조언&코칭 모든 걸 혼자 다 챙겨야 한다는 마음에서 벗어나 앞으로는 나 자신을 돌아보는 시간을 가지셨으면 좋겠습니다. 혼자 희생하며 해결하려면 정작 자신을 위한 시간이나 자신을 챙길 여력이 없을 것입니다. 자연과 함께 나 자신을 돌보는 시간을 가지셨으면 좋겠습니다. 정년 퇴직을 하시게 된다면 가족들이나 주위의 책임감으로부터 벗어나 여행도 하고 자유로운 삶을 설계해도 좋을 것 같습니다. 자연과 함께 마음의 여유를 가지시면 불안했던 마음도 더 안정되고 즐거워질 것입니다. 내가 즐겁고 행복해야 가족들 그리고 주위 분들도 챙길 수 있습니다.

사례 6 1년간 일한 첫 직장에서 부당한 해고를 당했습니다. 열심히 일했던 만큼 충격이 컸지만, 경제적인 상황 때문에 서둘러 직장을 구했습니다. 이직한 직장은 첫 직장 보다 근무환경과 대인관계가 마음에 들지 않았습니다. 자꾸 불만이 생겨서 결국 3개월 만에 일을 그만두었습니다. 앞으로 이직할 곳에서는 오래 일하고 싶은데, 또 첫 직장과 비교하게 되고 불만을 참지 못할까 봐 두렵습니다. [20대 중반의 남성, 상담자: 서의환(심볼론 공저 & 트레이너)]

전문 상담 문제 열심히 일한 첫 직장에서 해고를 당해 실망감이 컸겠군

요. 자존감이 떨어지고, 배신감을 느꼈을 것 같습니다. 당신이 첫 직장과 비교하며 새 직장에 대한 불만을 참을 수 없는 건, 아직 첫 직장에 미련과 상처가 남아 있기 때문입니다. **해결 방법** 해고를 당하고 경제적인 상황 때문에 서둘러 일을 구했다고 하셨지만, 그 속에는 상처를 잊기 위한 당신의 무의식적인 노력도 있었을 겁니다. 그러나 상처가 덮어졌을 뿐, 치유가 된 것은 아닙니다. 치유되지 않은 상처를 들여다보고 회복할 시간이 필요합니다. 물론 상처를 회복하고, 첫 직장에서 경험한 근무환경과 대인관계에 대한 미련을 버리는 건 쉽지 않을 겁니다. 이 과정에는 많은 노력이 필요합니다. 당신은 이미 그 과정 속에 있으며, 해내야 함을 잘 알고 있습니다. **결과** 당신은 이직한 회사에 대한 불만이 외부가 아니라, 상처받은 내면에서 비롯됐음을 깨달았습니다. 더 이상 첫 직장에 대한 미련이 없기에, 비교로 하여 이직한 직장에 불만을 가지지 않습니다. 전보다 성장한 모습으로 그동안 느낄 수 없던 새로운 환경의 풍요로움을 만끽하고 있습니다.

조언&코칭 과거의 기억을 너무 멀리하고 축소시키는 행위는 오히려 과거의 기억으로부터 자유롭지 않은 상태이고, 나아가서는 마음의 상처가 충분히 치유되지 않았음을 의미합니다. 몸과 마음을 충분히 회복하고 차분한 마음으로 직장을 구한다면, 이직한 직장에서는 불만을 조절하며 오래 일할 수 있을 것입니다.

사례 7 저는 퇴직 후에 무엇인가를 하려고 준비 중에 있습니다. 오랫동안 준비하고 있으나 무엇을 해야 할지, 잘 될지 등이 걱정이 앞섭니다. 이 일과 관련있는 분야의 박사 학위가 필요한 상황임에도 손을 대지 못하고 있습니다. 논문은 거의 다 쓰고 마무리 부분만 남았는데 몇 년 째 쓰지 못하고 정체되어 있는 상태입니다. 바쁘다는 핑계만 대고 해야지 하면서도 차일피일 미루게 되는데 왜 그러는 걸까요? 그리고 제가 학위 논문을 마무리 잘 할 수 있을까요? [50대 중반의 여성, 상담자: 소난영(심볼론 공저 & 트레이너)]

전문 상담 문제 내담자분은 현재 오래된 어떤 생각에 사로잡혀 앞으로 나아가지 못하고 있는 것 같군요. 즉, 자신이 무엇을 해야 할지, 어디로 가야 할지 방향감각을 상실한 듯 보입니다. 내담자분은 자신이 만들어낸 고정된 틀에 당신 자신의 생각을 넣고 이것이 맞다, 틀리다, 옳다, 아니다를 결정하고 자신의 행동이나 생각이 자신의 고정된 틀에 맞지 않는다고 생각하면 앞으로 나아가지 못하는 것 같습니다. 학위 논문도 자신의 고정된 틀 안에 넣고 만족스럽게 써질 때까지 앞으로 나아가지 못하고 있는 것 같습니다. 내담자분의 고정된 틀은 어린 시절 타인으로부터 받았던 상처일 수도 있고, 좌절된 욕구로 인한 상처일 수도 있습니다. 당신을 앞으로 나아가지 못하게 막고 있는 고정된 틀로부터 벗어나야 앞으로 나아갈 수 있을 것입니다. 그것이 무엇인지 생각해 보시기 바랍니다. 해결 방법 내담자분은 다른 분들보다 영적으로 발달되어 종교적이고 관념적이며 지식을 추구하고 있는 사람입니다. 자기도 모르는 무엇인가 틀에 속박되어 앞으로 나아가지 못하는 것이 있다면 내면으로 들어가 자신을 들여다 볼 필요가 있습니다. 무엇에도 방해받지 않고 조용한 장소에서 집중할 수 있는 시간을 갖고 명상을 갖는다면 분명 통찰이 있을 것입니다. 지금 당장은 무엇이 자신을 앞으로 전진하지 못하게 하는지 이해할 수 없을지도 모릅니다. 그러나 곧 무엇인지 알게 될 것입니다. 외부에서 그 이유를 찾지 마시고 내면에 집중하십시오. 외부 세계에 눈을 돌리지 말고 당신의 내면을 깊숙이 들여다 볼 때 진정한 영적인 자각에 눈을 뜨게 될 것입니다. 결과 당신이 자신의 내면을 깊이 들여다 볼 때 보이지 않았던 당신의 문제를 발견하게 되고 그 발견을 통해 당신이 무엇을 하고 어떻게 해야 할지에 대해 스스로의 가이드를 발견하게 될 것입니다. 당신은 오랜 기다림 속에 자신이 하고자 하는 일이 무엇인지 발견하게 되고, 막혀있던 길이 뚫리게 되어 보지 못했던 새로운 일들도 발견하게 될 것입니다. 논문을 쓰지 못하도록 당신을 옥죄였던 것들이 무엇인지 알게 되고, 그것들을 어떻게 해야 되는지 방법을 알게 되어 막혀 있던 일들이 뚫리게 될 것입니다. 또한 새로운 일들도 발견하게 되어 오랫동안 당신을 괴롭혔던 늪에서 벗어나게 될 것입니다. 즉, 당신은 당신의 영감과 직관을 통해 고정된 틀에서 벗어나 새로운 생각과 나아가야 할 방향을 알게 되어 앞으로 전진할 수 있게 되고, 정체되었던 일들이 마무리가 될 것입니다.

조언&코칭 자신이 만들어낸 완벽해야만 한다고 생각하는 고정된 틀을 파괴하십시오. 자신을 가로막고 있었던 '완벽해야만 타인으로부터 인정받을 수 있다.'라는 잘못된 생각이나 신념으로부터 벗어나 어떻게 해야 문제를 해결할지 생각해보십시오. 당신을 묶어두었던 사고의 틀에서 벗어나 새로운 생각의 전환으로 앞으로 나아가세요. 그렇게 할 때 무엇을 어떻게 해야할지 알게 되고 새로운 길이 열릴 것입니다.

사례 8 저는 하는 일마다 왜 이렇게 힘이 들까요? 똑같은 일을 해도 남들은 쉽게 일을 하는 것 같은데 저는 일이 잘 안되고 너무 힘들기만 한 것 같아요. 저에게 무슨 문제가 있는 걸까요? [50대 후반의 남성, 상담자: 우수옥(심볼론 공저 & 트레이너)]

전문 상담 _{문제} 내담자께서는 하시는 일들의 결과가 만족스럽지 못해 마음이 좋지 않으신가 봅니다. 그러나 여러 가지 일을 잘하셔서 많은 것을 이루신 것 같습니다. 그리고 주변 사람들과도 타협하며 원만한 관계를 잘 맺어 오신 것 같구요. 그러나 너무 일을 잘하시고 성과를 많이 내려는 욕심이 큰 것 같습니다. 또한, 다른 사람들의 기대나 관심에 부응하려고 하는 의지도 크시구요. 지금까지 그렇게 살아오셨기 때문에 자신 내면의 소유와 헌신, 탐욕 등이 만족을 주지 못하고 힘들게 하는 것 같습니다.

_{해결 방법} 내담자의 문제는 외부 상황, 다른 사람과는 아무런 관련이 없기 때문에 자신의 내면을 더 자세히 들여다볼 필요가 있습니다. 당신의 내면을 살펴보며 스스로 당신을 힘들게 하는 것들에서 벗어나야 합니다. 내담자께서는 공감 능력이 뛰어나시나 상반된 두 생각을 가지고 있어 현실적으로는 마음을 비우려고 하면서도 한편으로는 더 많은 것을 이루고자 하는 비현실적 몽상에 빠져 있기도 합니다. 현실과 비현실을 오가며 감정 기복이 심한 것 같습니다. 너무 차분하며 표현을 잘하시지 않아 다른 사람들이 잘하고 있다고 보기 때문에 당신의 상황을 알지 못해 도울 수도 없습니다. 내담자께서는 지혜롭게 자신의 내면을 진실되게 살펴보시고 탐욕의 굴레에서 벗어나셔야 만족하며 편안해지실 것 같습니다. 시간이 많이 걸리고 힘드시겠지만 노력하셔야 합니다. 자신의 내면을 보며 무거운 마음을 내려놓고 자신을 어루만져주시면서 위로하시면 좋겠습니다.

결과 자신에 대한 불만족, 분노, 반항, 짜증과 같은 감정들을 모두 내려 놓고 나면 자신에 대해 만족하게 되고, 평화로운 삶을 보낼 수 있게 됩니다. 내담자 스스로를 안아줄 날이 오게 될 것이고, 마음의 평화, 삶의 안정이 있게 될 것입니다.

조언&코칭 사람은 모두 어떤 일을 하면 그 결과가 자신이 한 것 이상으로 좋게 나오기를 기대합니다. 욕심이 클수록 기대에 만족하지 못해 자신감을 잃거나 좌절감을 느끼다 분노하게 됩니다. 지금까지 생활하면서 많은 경험도 하셨을 테니 이제 조금의 성과에도 만족하시며 더 큰 즐거움과 보람을 느끼실 수 있으시면 좋겠습니다.

사례 9 저는 거절을 하지 못하는 성격입니다. 항상 제 일이 많은데도 다른 사람의 일까지 떠맡아서 정작 중요한 제 일을 하지 못하는 경우가 종종 있습니다. 이런 저의 성격을 고치고 싶지만, 다른 사람이 부탁할 때에는 그 사람의 사정을 먼저 들어주고 대부분 부탁을 수락하고 있습니다. 제가 왜 이러는지 궁금합니다. [30대 여성, 상담자: 조혜진(심볼론 공저 & 트레이너)]

전문 상담 문제 내담자는 당신을 도울 수 있는 누군가가 주변에 있다는

242

점을 망각하고 있습니다. 내담자님도 힘들 때 주변에서 도움을 받고 싶지만 도움을 요청하지 못하고 있군요. 항상 도움만 주고 정작 도움이 필요해도 주변에 도움을 청하지 못하는 상황이군요. 해결 방법 내담자의 감정을 표현할 때가 왔습니다. 내담자님의 현재 힘든 마음을 표현하지 않는다면 발전하지 못하고 뒷걸음만 치게 될 수 있습니다. 현재의 힘든 상황이 계속될 수 있습니다. 내담자와 대화를 나눌 수 있는 친구나 이야기를 들어줄 사람이 없다면 상담가를 찾아가는 것도 문제의 해결 방법이 될 수 있습니다. 결과 내담자는 서로를 존중하는 법을 배울 것입니다. 더 이상 스스로를 지치게 만들지 않고, 하잘것없는 일에 에너지를 쏟지 않게 될 것입니다.

조언&코칭 다른 사람의 도움 없이 모든 것을 혼자 해내겠다는 마음을 버리세요. 혼자서 모든 일을 감당할 수 없습니다. 내담자님의 주변에는 내담자를 도와줄 많은 사람이 있습니다. 그동안 다른 사람들을 돌보았듯 이제는 다른 사람들의 돌봄을 받아도 되는 때가 왔습니다. 내담자는 자신의 감정을 잘 되돌아보시고 주변 사람들에게 자신의 감정을 표현해도 될 것입니다. 그렇게 하지 않는다면 현재의 문제가 지속될 수 있습니다. 주변에 도움을 요청하세요. 그리고 더 이상 자신을 스스로 지치게 만들지 마세요. 우선순위를 정하셔서 일을 추진하시기 바랍니다.

사례 10 저는 현재 승진하여 새로운 부서에 배정받아 매우 바쁘고 정신없는 나날을 보내고 있습니다. 그런데 주말마다 제 업무와는 전혀 관련이 없는 공부에 매달려 에너지를 쏟고 있습니다. 그 공부가 업무에 도움이 되지 않고 시간을 많이 낭비되는 것을 알고 있지만, 놓을 수가 없습니다. 제가 왜 그런지 알고 싶습니다. [40대 남성, 상담자: 조혜진(심볼론 공저 & 트레이너)]

전문 상담 문제 현재 내담자는 직장이나 일상에서 아무런 자극 없이 무기력한 상태입니다. 현재 단조로움과 의무만 존재하는 상황에서 직장에서의 많은 요구사항을 그대로 순응하시며 지내고 있군요. 해결 방법 비록 현재 내담자에게 크게 도움이 되지 않는 공부라 하더라도 손을 놓기는 쉽지 않아 보입니다. 내담자는 직장에서 느낄 수 없었던 재미와 흥미를 주말에 하는 공부에는 느끼고 있으며 에너지가 부족하더라도 계속해서 그 공부를 이어나갈 수 있습니다. 내담자의 삶에 대해 좀 더 많이 이해하시기 바랍니다. 그런 과정을 통해 올바른 선택을 할 수 있습니다. 결과 어둠과 빛은 함께 공존합니다. 현재는 주말의 공부가 나의 에너지를 빼앗는 것이란 생각이 들겠지만, 차후 직장과 내담자의 개인 시간에 대한 균형과 통합을 찾을 수 있으실 것입니다.

조언&코칭 현재의 공부가 지금 당장에는 내 에너지를 빼앗는 것처럼 보일 수 있으나, 내담자의 삶의 균형을 맞추어 줄 수 있는 시간이라고 여겨집니다. 다만, 너무 과도한 에너지를 쓰는 것은 지양하되 직장에서의 일 말고도 지속적으로 공부할 분야는 필요해 보입니다. 현재의 공부를 완전히 포기하시진 마시고 지속하시되, 시간을 조금 조정해 보는 방향으로 나아가라고 말씀드리고 싶습니다. 지금은 쓸모없어 보이는 그 공부가 나중에 내담자님의 삶에서 일과 삶의 균형과 통합을 이룰 것입니다.

사례 11 저는 생일이 되면 굉장히 불안하고 예민해집니다. 어릴 때 가족끼리 단란하게 생일 축하를 해 본 경험이 없습니다. 결혼 후 남편이 미리 생일을 말하지 않아도 생일을 챙겨 주었으면 하고 만약 챙겨 주지 않으면 굉장히 섭섭함을 느낍니다. 생일에 집착하는 제가 왜 이런지 알고 싶습니다. [50대 여성, 상담자: 신경희(심볼론 공저 & 트레이너)]

전문 상담 문제 내담자에게 생일은 축복받고 기억되고 싶은 소중한 날인 것 같습니다. 남편이 내담자를 보살펴 주고 관심받기를 원하는 데 생일을 챙겨 주지 않으면 섭섭함이 더 크게 느껴지는군요. 내담자가 남편에게 생일을 미리 이야기하고 축하받고 싶은 마음을 표현하지 못하는 것이 문제입니다. 해결 방법 내담자는 생일 축하를 받지 못하면 가족관계 속에서 버려졌다는 느낌을 무의식 속에서 받습니다. 슬픔과 고독이 점점 내담자를 침울하게 만들 수 있으므로 남편에게 솔직하게 얘기하는 것이 좋겠습니다. 결과 내담자는 남편에게 미리 생일을 알리는 걸 자존심 상한다는 생각의 전환이 필요합니다. 내담자의 자존심 때문에 남편과 가족들을 힘들게 하지 말고 자신의 마음을 내보여야 합니다. 솔직하게 표현하지 않으면 남편과 가족들은 내담자의 마음을 잘 모를 수 있습니다. 남편에게 생일을 알리고 함께 축하하는 자리를 만들어 내담자의 탄생을 함께 기뻐하시길 바랍니다.

조언&코칭 내담자는 어릴 때 충분한 사랑과 보살핌이 결여되어 있다는 생각을 하고 있으며 그 트라우마가 생일과 맞닿아 있어 보입니다. 결혼으로 인해 새로운 가족이 생기고 과거 생일 축하를 받지 못했던 기억이 현재의 남편과 가족들에게 챙김을 받고 싶은 보상심리로 나타날 수 있습니다. 소중한 자신의 탄생을 스스로 축하하는 방법 또한 고려해 보시고 과거에 대한 연민보다는 현재의 가족과 좋은 추억으로 트라우마를 극복할 수 있습니다.

몇 년 사이에 국내에는 타로카드 관련 서적 출판이 홍수를 이루고 있다. 하지만, 안타깝게 시중의 책들을 보면 도움이 되는 책만 있는 것이 아니라 오히려 혼돈에 빠지게 하는 책들이 즐비하다. 이에 데카메론 타로카드 상담전문가 독자들에게 타로상담전문가로 나아갈 수 있는 최지훤의 대표 서적을 소개한다. 부디, 타로카드 상담전문가라는 하나의 목표로 열공하여 주위의 어려운 상황에 있는, 상담이 필요한 사람들에게 도움을 줄 수 있는 그런 멋진 타로 상담전문가가 되기를 기대한다.

1. 타로카드상담과 NLP힐링치유(개정판)(2,000권 품절)

타로상담의 기초 내용을 자세히 소개했다. 기존 타로를 점이라고 인식하는 독자, 수강생들에게 타로상담을 소개하고 효율적인 상담방법인 NLP상담을 접목시킨 국내 최초의 타로상담&NLP상담서적이다. 너무나 좋은 인기로 아쉽게 2,000권 모두 품절이다.

[개정판]타로카드상담과 NLP힐링치유
저자 최지훤 외
출판사 해드림출판사
발행일 2017년 5월 22일 (초판: 2016년 6월 5일)
사양 신국판

2. 타로카드 상담전문가(개정판)

타로상담 전문가를 꿈꾸는 사람이라면 반드시 읽어보아야 할 필독서! 타로상담 기본 내용과 고급 실전 상담까지 수록되어 있는 타로카드 상담 전문가를 위한 고급 전문서이다. 타로상담 전문가를 꿈꾸는 독자들에게 상당히 인기 있는 베스트셀러로 벌써 개정판(2쇄) 출판을 했다. 대학 평생 교육원, 교원연수 등에서 강의되는 내용의 전문 실전서이다.

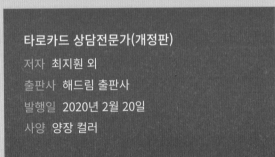

타로카드 상담전문가(개정판)
저자 최지원 외
출판사 해드림 출판사
발행일 2020년 2월 20일
사양 양장 컬러

3. 칼라 심리 & 상담카드

사람의 마음, 잠재의식과의 연결고리, 커뮤니케이션을 위한 칼라 심리 & 상담카드. 컬러와 수비학적인 신비로움을 가미하여 칼라 심리 & 상담 카드가 제작되었다. 학교현장 및 상담현장에서 폭넓고 다채롭게 활용되고 있다. 수강생과 독자들은 한결같이 이야기한다. 서프라이즈~ 라고….

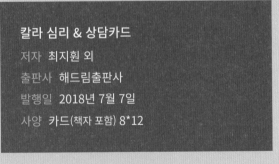

칼라 심리 & 상담카드
저자 최지원 외
출판사 해드림출판사
발행일 2018년 7월 7일
사양 카드(책자 포함) 8*12

4. 타로전문상담전문가 프레젠테이션

타로전문 강사를 위한 PPT강의 내용을 책으로 출판하여 타로상담전문가의 커리큘럼을 표준화했다. 타로상담전문가의 기초, 기본, 중급의 내용 모두를 한눈에 확인해 볼 수 있는 고급 전문서이다. 강의를 위한 강사들도 많이 참고하고 있는 베스트셀러이다.

타로전문상담가 프레젠테이션
저자 최지훤 외
출판사 해드림 출판사
발행일 2019년 11월 11일
사양 4*6배판(양장)

5. 데카메론 타로카드 상담전문가

14C 중엽, 흑사병을 주제로 인문학의 대가인 보카치오가 1348년에 서술한 데카메론이라는 책 내용과 연계하여 이탈리아 LO SCARABEO사에서 제작된 성인 대상 전문 데카메론 타로카드! LO SCARABEO사와 강의 및 출판과 관련한 계약(라이센스)을 통해 국내 최초 데카메론 타로카드 상담전문가 책을 코로나19 극복을 염원하는 마음으로 집필하게 되었다.

데카메론 타로카드 상담전문가
저자 최지훤 외
출판사 하움출판사
발행일 2020년 5월 20일
사양 신국판

6. 심볼론카드 상담전문가

심볼론카드는 마음의 상처를 해결하는 경험을 우리에게 제공한다. 심볼론 카드 실전 상담 사례뿐만 아니라, 전문 사용법을 이해하기 위한 12별자리 10행성을 포함한 4원소, 3대 특(자)질, 양극성을 자세히 설명해 놓았다. 점성 학을 사용하는 방법과 점성학을 사용하지 않는 사용법 등도 자세히 소개되 어 있으며 카드 한 장 한 장, 총 78장의 최지훤 대표 저자의 전문 해설도 수 록되었다.

심볼론카드 상담전문가
저자 최지훤 외
출판사 하움출판사
발행일 2020년 8월 10일
사양 신국판, 272p

7. 마르세이유 타로카드 상담전문가

타로카드의 어머니, 대표적인 정통 타로카드라고 이야기할 수 있는 마르 세이유 타로카드에 대한 전문 기본해설서이다. 메이저카드 22장, 마이너 카드 56장, 총 78장의 마르세이유 타로카드에 대해 4원소, 수비학의 설 명을 포함하여 독자들이 쉽게 이해하도록 설명했으며, 실전 상담 사례도 수록하여 누구나 쉽게 타로상담을 할 수 있는 노하우를 제시해준다.

마르세이유 타로카드 상담전문가
저자 최지훤 외
출판사 해드림출판사
발행일 2020년 10월 1일
사양 162*231

8. 학교 타로상담 & NLP상담(기본편)

국내 최초로 교원, 학부모, 상담사들이 성공적으로 진행한 학교 교육 현장에서의 타로 실전 상담을 수록하고 있는 타로상담&NLP상담 기본 전문서이다. 한국교원연수원(http://www.hstudy.co.kr) 교원 및 일반인 대상 타로상담 전문가 자격 연수의 교재이기도 하다. 타로카드 한 장, 한 장의 의미와 함께 기본적인 실전 상담과 연계할 수 있는 노하우, 전문가로 나아가기 위한 팁을 수록했다.

학교 타로상담 & NLP상담(기본편)
저자 최지훤 외
출판사 해드림출판사
발행일 2021년 5월 27일
사양 152*225, 276p

9. 컬러타로상담카드(COLOR TAROT COUNSELING CARD)

사람의 마음, 잠재의식과의 연결 고리, 내면과의 커뮤니케이션을 위해 컬러타로상담카드(COLOR TAROT COUNSELING CARD)가 제작되었다. 교육 현장 및 상담 현장에서 폭넓고 다채롭게 활용되고 있다. 수강생과 독자들은 한결같이 이야기한다. 서프라이즈라고….

컬러타로상담카드
저자 최지훤 외
출판사 하움출판사
발행일 2021년 8월 20일
사양 카드(7*11.5)

10. 컬러타로 상담전문가

컬러타로상담카드(COLOR TAROT COUNSELING CARD)의 사용을 자세히 소개한 책이다. 상담 현장에서의 실전 사례와 아울러 초보자도 컬러타로 상담전문가로 나아갈 수 있도록 자세한 설명이 되어 있다.

컬러타로 상담전문가
저자 최지훤 외
출판사 하움출판사
발행일 2021년 9월 27일
사양 152*225, 264p

11. 타로상담의 정석(기본편)

타로상담의 백과 사전의 기초편이라고 생각하면 된다. 유니버셜웨이트 타로카드 상담의 기본부터 마르세이유 타로카드, 컬러타로카드, 심볼론 타로카드, 데카메론 타로카드, 오쇼젠 타로카드 등 세계적인 타로카드를 국내 최초로 한곳에 모아 선보인 최지훤 타로그랜드마스터의 베스트셀러이다. 제목답게 타로상담의 정석(기본편)을 맛볼 수 있다. 발행 직후부터 후속 출판을 요청받는 타로상담 전문서이다.

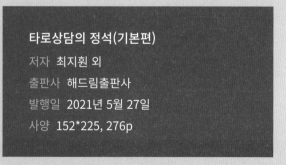

타로상담의 정석(기본편)
저자 최지훤 외
출판사 해드림출판사
발행일 2021년 5월 27일
사양 152*225, 276p

12. 이후의 출판

타로상담 전문가를 꿈꾸는 많은 수강생과 독자를 위해 다양한 전문 서적을 준비하고 있다. 지금 독자들이 보고 있는 『심볼론카드 상담전문가(기본편)』 개정판에 이어 곧 출판될 예정인 『만다라 코칭 전문가』, 『만다라 명상 & 만다라 타로카드 상담전문가』, 『만다라 명상 & 만다라 타로카드』, 『만다라 전문 명상카드』 등 행복한 학교와 사회를 위한 다양한 전문적인 책과 카드를 출판 예정하고 있다.

특히, 세계 최초로 78장의 타로카드 시스템을 따르고 있는 『만다라 명상 & 만다라 타로카드』는 전 세계로 뻗어나가 많은 상담, 치유의 도구로 사용될 것이다. 기타 타로상담에 대한 의문점과 많은 정보는 인터넷 다음 카페(한국타로&NLP상담전문가협회, 전국타로상담&NLP상담교사연구회 http://cafe.daum.net/KANLP)를 활용하기 바라며, 한국교원연수원 타로 자격 과정(교원, 일반인 모두 수강 가능), 경기대(서울, 수원) 평생교육원, 단재교육연수원 등 전국에서 일반 전문 강좌 및 교원 연수로 인연을 이어 가기 바란다.

또한, 우리나라 전역(강원도~제주도)에서 제대로 된 정통 타로상담&NLP 상담 관련 교원 연수, 프로그램 운영 등의 특강을 원하는 교육 기관은 choiok1833@hanmail.net이나 010-3410-2182(최지원)로 연락하면 이른 시일 안에 인연을 맺도록 하겠다. 소중한 인연 감사하다.

▶ 세계 최초로 78장의 타로카드 시스템을 따르고 있는
『만다라 명상 & 만다라 타로카드』 일부 (마무리 작업 중)

소중한 인연, 함께 할 수 있는 인연에 진심으로 감사하다.
그리고 내가 할 수 있는 일이 있어 이 또한 감사하다.

소중한 인연 항상 소중히 간직하고 살아가려 한다.
그리고 나누면서 나아가려 한다.

많은 부분의 내용을 다루었으면 좋았겠으나
지면상의 한계로 수록하지 못함이 아쉬울 뿐이다.
한국타로&NLP상담전문가협회의 전문 트레이너들이 강의하는
전국의 직강 현장에서는
더욱 풍부하고 실감 나는 강의가 진행될 것이다.

우리 삶이...
평범하지만 그 평범함을 행복감으로 느끼며
그 평범한, 행복한 삶만 계속되기를 기원하며 집필을 마친다.
다시 한번 소중한 인연에 감사드리며 이를 계속 이어나갔으면 좋겠다.

마지막으로 타로상담전문가를 꿈꾸는 독자들에게 『유니버셜웨이트 타로카드』만을 활용한 상담뿐만 아니라, 상담 상황에 맞는, 상담 목적에 적합한 타로카드를 사용할 것을 적극 추천한다. 내담자의 내면 상황을 파악하고 상담으로 이끌기 효율적인 타로카드로는 『컬러타로카드』, 『심볼론

카드』를 추천하고, 명상을 통한 상담을 연계하려면 『오쇼젠 타로카드』나 저자가 대표 저자로 곧 출시 예정인 『만다라 명상 & 만다라 타로카드』를 추천한다.

2023년 초여름을 맞이하며

대표 저자 최옥환(필명, 최지훤) 드림

본 『심볼론카드 상담전문가』의 오류가 발견될 경우,
다음 카페 【한국타로 & NLP상담전문가협회】
http://cafe.daum.net/KANLP에 공지하도록 한다.
또한, 카페에서 타로상담전문가로 나아가는
실전 상담 및 많은 정보를 얻을 수 있을 것이다.

심볼론카드 상담전문가 개정판

1판 1쇄 발행 2020년 8월 10일
2판 1쇄 발행 2023년 5월 19일

지은이 최지원, 이미정
공 저 김건숙, 김은미, 서의환, 소난영, 신경희, 우수옥, 장선순, 조혜진, 추주연

교정·편집 윤혜원 **마케팅·지원** 김혜지
펴낸곳 (주)하움출판사 **펴낸이** 문현광

이메일 haum1000@naver.com **홈페이지** haum.kr
블로그 blog.naver.com/haum1000 **인스타** @haum1007

ISBN 979-11-6440-351-6(13180)